四千年の歴史に彩られた「黒い過去」

中国残酷物語

無念の死を遂げた者たちの
呪詛がこだまする！

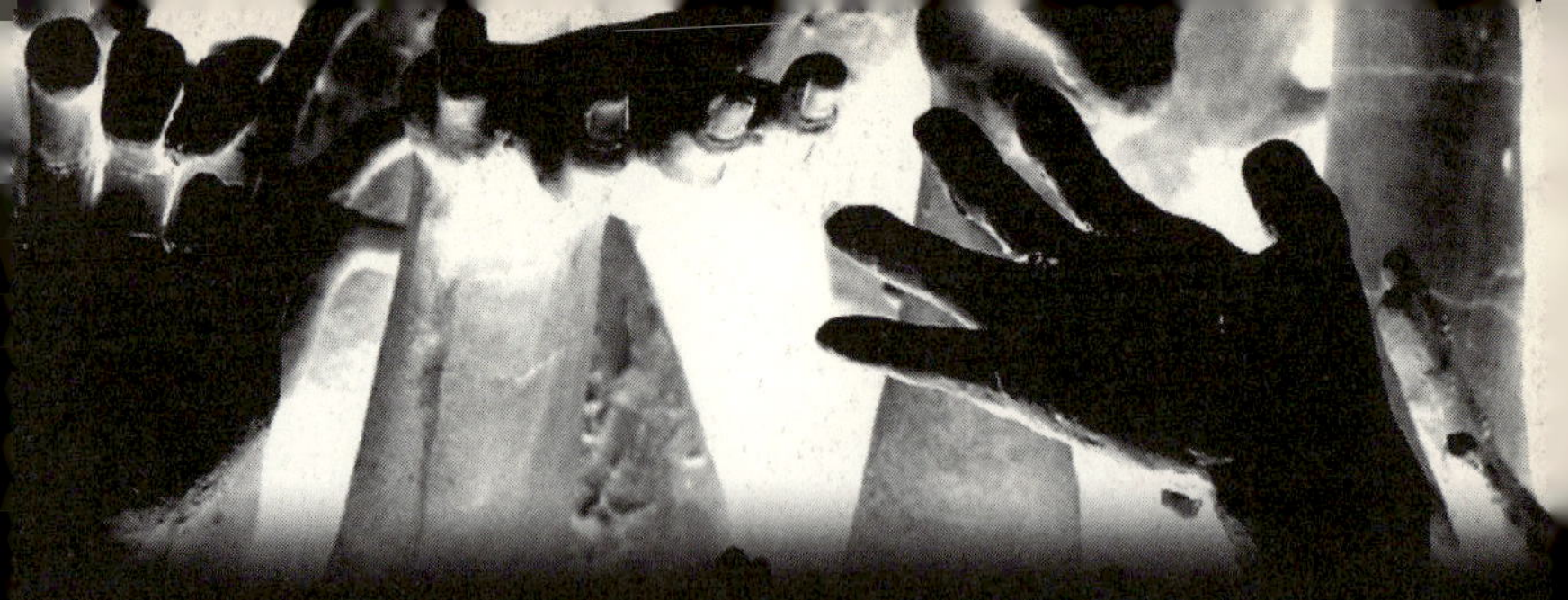

目を覆いたくなる肉刑
虐殺される人民……
かつてこんなに残酷な
歴史があっただろうか？

四〇〇〇年という長い歴史を誇る中国は、古くから文明国として栄えてきた。我が国も遣隋使や遣唐使を派遣して、様々な技術を学んできた。

しかし、この文明国は、そこに住む者たちにとって決してユートピアではなかった。

進んだシステムや先端技術が、必ずしも人々の幸

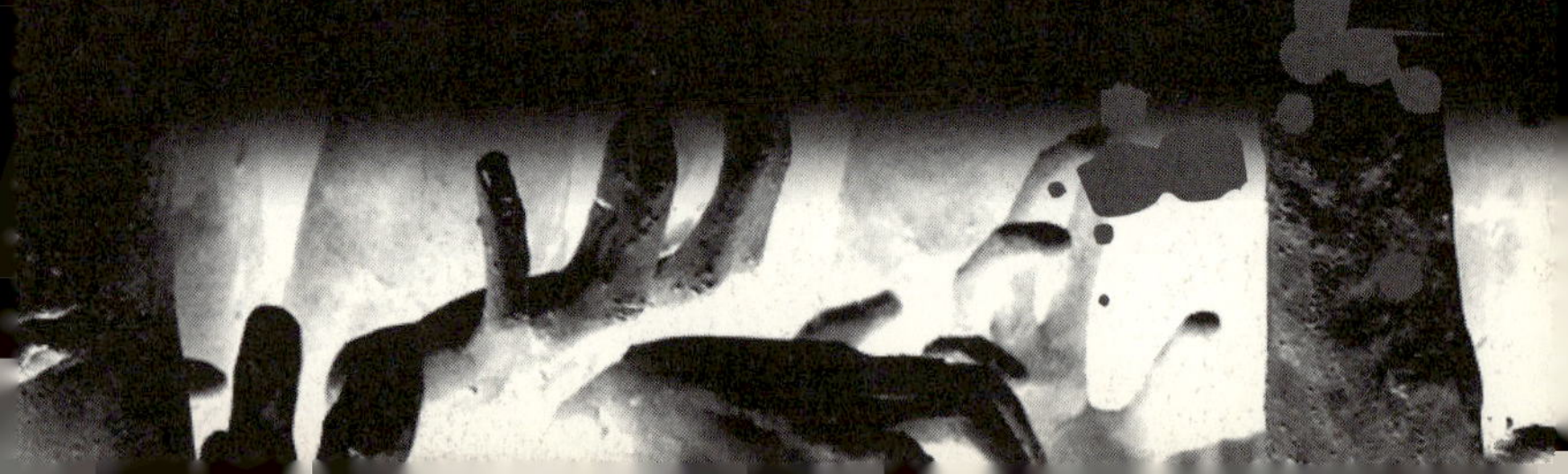

中国残酷物語

福に役立つとは限らない。むしろ、それが人々を不幸のどん底に叩き落とすこともある。技術は単なる道具であって、その道具を使う者の心次第でそれは恐ろしい殺人兵器や拷問道具にもなってしまう。

歴代の中国王朝は、民衆を恐怖で抑圧して支配力を強化した。広い国土を支配し、統一王朝を維持するためには、それが最も有効な手段だったのだろう。

中国の四〇〇〇年の歴史。それはまた、世界の歴史同様、どこまでも血で塗られた歴史でもある。

目次◎中国残酷物語

第一部 刑罰の章

もがき、苦しむことを考え抜いたおぞましき仕置き

第二部 悪女・哀女の章

恨みや嫉妬に身を焦がし常軌を逸した女たち

第三部 人間が人間を食す この世の地獄絵図 食人肉の章

第四部 尊い命を無駄に浪費 人々を地獄に突き落とす 暗愚な帝と黒偉人の章

第七部 現代中国の章
今なお残る「負の遺産」
深すぎる赤い国の闇

第一部

刑罰の章

もがき、苦しむことを
考え抜いたおぞましき仕置き

古代から中国では様々な刑罰が行われてきた。
だが、その残酷さは我々の想像をはるかに超える。
腰を真っ二つに斬る刑罰や、生きたまま腹を裂く刑罰、
さらには少しでも苦しみが長引くように悪意の工夫が施された刑罰……。
受刑者たちは地獄のような苦しみを味わい、呪詛を呟きながら絶命した。

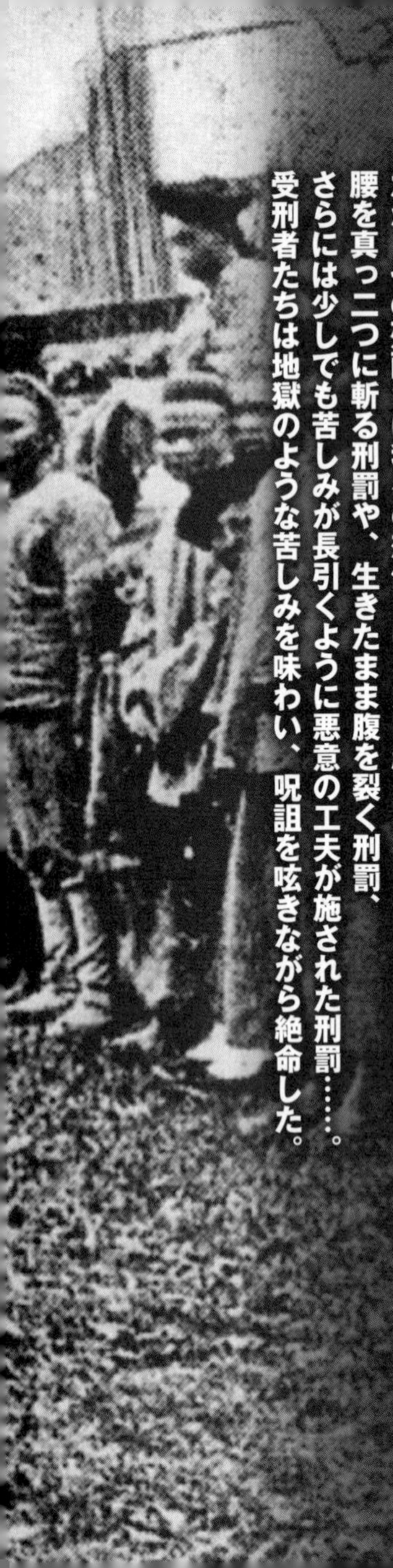

一

人間の生理的な機能がさらなる苦痛をよぶ

斧で胴を真っ二つにされ苦痛にのたうち回る「腰斬刑」

中国最初の統一王朝である秦で、皇帝の逆鱗にふれた重罪人に科した刑。斬首とは違い、体は真っ二つに斬られてもすぐには絶命しない。それだけに、恐ろしく残酷な刑だ。

斬首刑ならば楽に死ねるのだが……

腰斬刑《ようざん》の歴史は古く、古代国家の周《しゅう》の頃から行われていた。鉄のない時代、銅製の刃物は切れ味も悪く、斬るというよりは「裂く」「潰す」といった感じだったというから、罪人の苦痛も凄まじかったはず。

これが中国初の統一王朝である秦《しん》の時代になると、刑法のなかに明確に規定されるようになる。

秦やそれに続く漢《かん》王朝の刑法には、死刑にも二つの方法があり、一般的な死刑は斬首によって行われた。しかし、皇帝を誹謗《ひぼう》したり、国家転覆を企てた者には腰斬刑が用いられた。斬首による処刑だと、罪人は一瞬にして絶命するから苦痛を感じる暇もない。重罪人には、もっと苦痛と絶望を味わわせて殺すべきだと考えたのだろう。ちなみに、皇帝や国家に反逆して腰斬

秦の第二代皇帝・胡亥によって初めて宣告された腰斬刑

刑に処せられるような重罪人ともなれば、家族や親類縁者も同罪として死刑に処せられた。だが、腰斬刑は首謀者だけ、家族らは斬首だったという。

体が真っ二つになってもすぐには絶命しない

歴史上初めてこの腰斬刑に処されたのは、秦の高級官僚だった李斯《りし》とその息子。紀元前二一〇年に始皇帝《しこうてい》が死去した後、第二代皇帝となった胡亥《こがい》に疎《うと》まれて、謀反の濡れ衣を着せられこの刑を宣告された。李斯と息子は全裸にされ、木製のベッドのような処刑台の上にうつ伏せで乗せられ、手首と足首をきつく緊縛。それを引き伸ばされるようにして処刑台の上に固定された。

処刑人は大きな斧を振り下ろし、李斯の体を腰のところから真っ二つに寸断した。しかし、

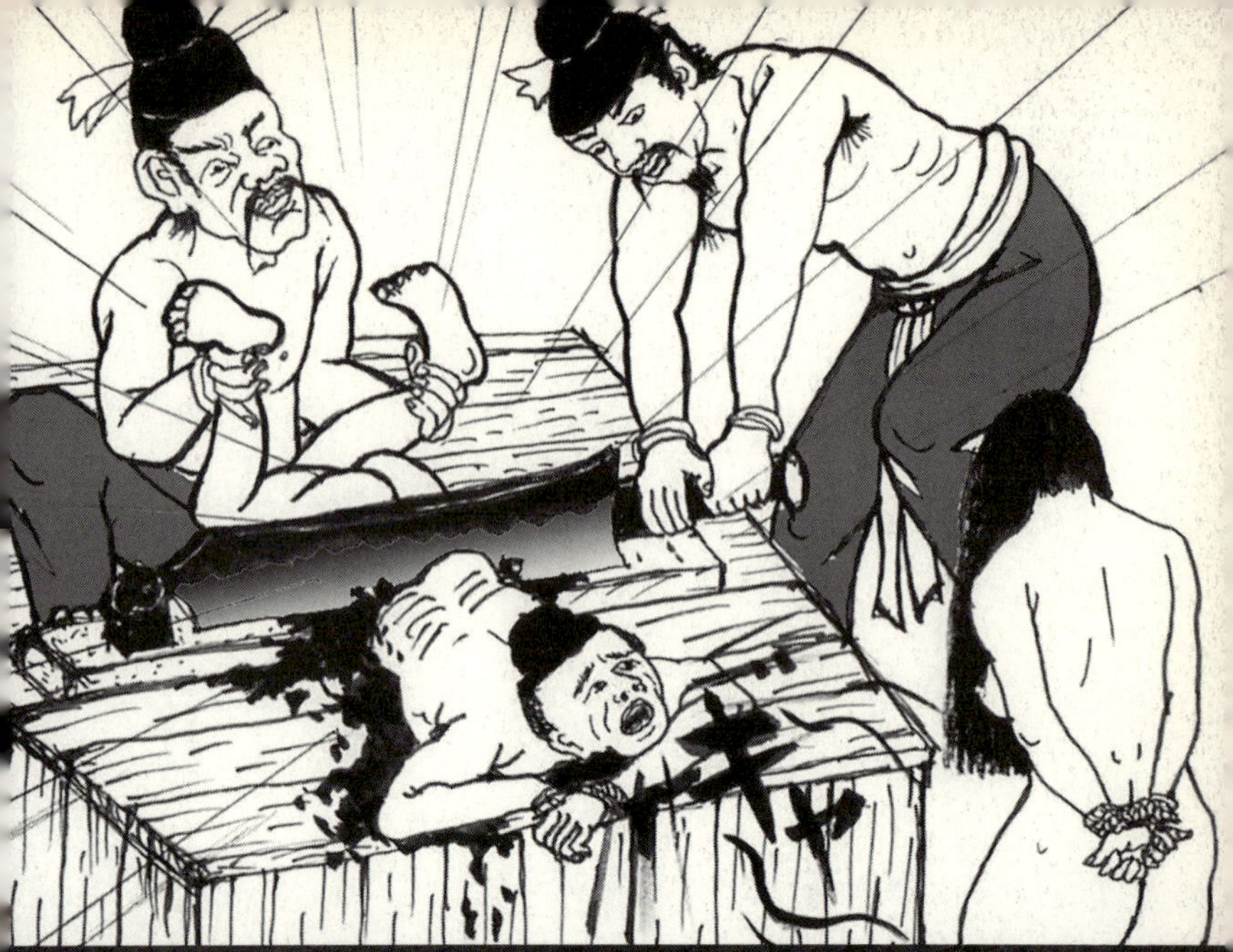

それでもまだ絶命しない。首を斬り落とされるのとは違って、胴を寸断されても即死することはないのだ。

　また、人によっては大量に流出する脳内麻薬ドーパミンの作用により、しばらくの間は意識も鮮明で、自分の体がどんな状況になっているかも判断できるという。処刑場に集まった大勢の見物人が、真っ二つにされた自分のほうを指さしながら嬌声《きょうせい》をあげたり、手を叩いて笑っていたりするのも見えていたのかもしれない。

　胴を真っ二つにされた人間は、体中の血が出て体力が尽きるまで、どれくらいの時間生きていられるかは個人差もありよく解らない。李斯と息子の腰斬刑が終わると、すぐに家族や一族も同じ処刑場に引き出され、次々に斬首されたという。

　この時、李斯にまだ意識があったとすれば……さらなる絶望的な光景を見ることになっただろう。

残酷さを好む人間の本性が生み出した刑

近世の刑法からは消えたが残酷な「私刑」として残る

腰斬刑は、秦の時代から漢の前期あたりまで、頻繁に行われた処刑法である。唐《とう》の刑法では削除されていたが、実際には多く執行されていたようだ。地域の民衆たちや賊徒《ぞくと》などが私刑として行ったこともある。また、中国共産党員を捕らえた地主が腰斬刑によってこれを処刑している。清の時代の刑法にも明記はされていなかったが、おそらく、密かに行われていたのだろう。

そして、時代が進むにつれて、そのやり方もさらに残酷で罪人の苦痛を増す方法が考えられるようにもなった。たとえば、罪人の手首を縛って木や柱から吊し上げ、足首のほうも縛って上下から極限まで引っ張る。この時、体を垂直にするのではなく、足首のほうはやや前側から引っ張るのだ。そうすれば下半身は前方に向けてやや斜めに傾き、罪人はこれから斬られる自分の胴がよく見える。

昔のフランスでも罪人を仰向けにして、ギロチンの刃がよく見えるようにして処刑するやり方があったという。同じ処刑されるにしても、罪人の恐怖心を倍増させようという悪魔的発想である。処刑人が自分の胴めがけて斧を振り下ろす一部始終を見るというのも、想像に尽くしがたい恐怖である。しかし、このやり方の恐ろしいところは、斧が振り下ろされて胴が真っ二つにされた後。前述のように、首を落とされるギロチンとは違って、胴を真っ二つにされてもしばらくの間、罪人はまだ生きていて意識もある。切り離された上半身は腕を縛られた状態で柱からぶら下っている。苦痛と遠のく意識の中で、罪人は血に染まって転がる自分の下半身を眺めながら死んでゆくことになる。

二

人の命を数で計る効率的な大量虐殺

恐怖と苦痛の二重奏!! 空恐ろしき「生き埋め刑」

大量の人々を処刑するには生きたまま埋めてしまうのが手っ取り早い。中国初の皇帝となった始皇帝は、自分に批判的な儒学者を大量検挙して、この処刑方法を実行した。

始皇帝による冷酷な儒教の弾圧とは?

「焚書坑儒《ふんしょこうじゅ》」という言葉は、高校の歴史の教科書などにも登場してくるので、聞き覚えはあるだろう。紀元前二二一年に中国を統一して絶対権力者となった始皇帝《しこうてい》は、儒教の教えが自分の支配に批判的であるとして弾圧を行った。歴史の教科書には、儒教関係の書物を没収して燃やしたといった程度のことしか書かれてないが、実際に始皇帝が行った弾圧は、もっと残酷で冷酷無比なものだった。高校生に聞かせるにはショックが大きいのでスルーしたのだろう。

統治者が素晴らしい人格を持てば、民衆はこれに従い国は治まるというのが儒教の思想。しかし、韓非子《かんぴし》が確立した法家の思想はこれに相反し、厳しい法律を定めこれに反した者は厳しく処罰する恐怖政治で世の秩序が作られると説いた。自らを厳しく律するよりは、他人に厳し

く対処したほうが楽だ。また、やり方としても恐怖政治は手っ取り早く効力が出る。そう考えたのだろうか？　始皇帝は後者の考えで国を統治。邪魔になる儒教はその思想ごと葬ってしまうことにした。

何百人もの儒学者が生きたまま埋められた

思想を葬るには、まずそれに関する書物を集めて焼いてしまうことだ。しかし、書物がなくとも、人は口伝えに自らの考えを説くことができる。これも都合が悪い。そこで、こちらも無きものにしてしまおうとしたのである。焚書坑儒の「坑儒」とは、「儒者を埋める」という意味……なにしろ儒教は、中国の思想家の中でも最大のビッグネームである孔子《こうし》の思想だけに、それを学び研究する儒学者は国内にかなりの数いる。いちいち一人ずつ処刑していたのでは時間も手間もかかる。一気に集めて埋めてしまうのが一番簡単というわけだ。

役人や兵士を動員して、秦の首都・咸陽《かんよう》にいた儒学者四六〇人余りが連行された。集められた儒学者たちは、縛られたまま深く掘られた巨大な穴に投げ込まれ、そこに盛土をかけて埋められてしまう。泣き叫んでいる者には、口の中に容赦なく土を押し込まれた。土の中に埋められるのは、呼吸困難で苦しくなるだけではない。大量の土砂はかなりの重量になり、押しつぶされる苦痛と恐怖も味わわされる。

土砂の凄まじい圧力で骨は砕け内臓は破裂する

儒学者たちを埋めた後に、大勢の兵士たちがその上で飛び跳ねて土をならし固めたという。その時に、地中からは内臓が破裂する鈍い音や骨が砕ける音が、幾度も響いた。この時点で生

暗闇の中で苦痛と絶望に苛まれる

きていた者がいたかどうかはわからない。生きていたとしても、土が口に詰まっている状態では叫ぶこともできない。真っ暗な土の中で押しつぶされるか、窒息して果てるのを待つだけだ。

生き埋めは、戦争捕虜を処刑する方法でもよく用いられたという。大量の人々を処刑するには、やはり絞首刑や斬首よりもこの方法が手っ取り早いのだろう。

始皇帝の陵墓には大勢の美女も埋められた？

また、この時代には権力者が死ぬと殉死者《じゅんししゃ》を生き埋めする風習があったという。刑罰として埋められる者と、名誉の殉死者として埋められる者とでは、立場は大きく違うだろう。だが、生き埋めにされる苦しさと恐怖は変わりない。儒学者を大量虐殺した始皇帝が死んだ時にも大量の殉死者が埋められたと推測されている。

絶対権力者だった始皇帝は、生前に阿房宮《あぼうきゅう》という豪華絢爛な宮殿を造営して、そこに中国全土から集めた三〇〇〇人の美女を住まわせていた。その美女たちは、死後も皇帝に仕えるために生き埋めにされたという説がある。ちなみに、中国において殉死が禁止されたのは、近世に近い明《みん》王朝の時代だというから、この時代は皇帝が死ねば当然のように家来や側女たちが生贄にされたはずである。はたして生き埋めされる者たちに、それを拒否する権利はあったのだろうか？　また、始皇帝の巨大な陵墓を建設するために何十万人もの労働者が動員されている。皇帝の陵墓は盗掘を避けるために、その存在は秘匿される。秘密を守るために、陵墓の建設に携わった者が生き埋めにされることもあったという。それも事実だとすれば……始皇帝が生き埋めにした者たちは、恐ろしいほどの数になる。

三

簡単には殺さず長時間かけてゆっくりと執行

イモ虫のように殺される地獄の苦しみ「八つ裂き刑」

牛馬を使って引き裂かれ、イモ虫のように転がる罪人。その見た目の残酷さから、叛乱を企てた者の処刑方法として採用され、その抑止力になると考えられた。

怒り心頭の始皇帝が間男の処刑方法に採用

「車裂き」あるいは「四つ裂き」とも呼ばれ、罪人の手足を車や牛、馬などの動力を使って引き裂く処刑の方法は、昔は世界各地で盛んに行われていた。

日本でも罪人の手足を縛って、牛を使って引き裂く「牛裂き」が戦国時代には用いられている。中国においても春秋戦国時代の頃から、この極刑が頻繁に用いられていた。

秦が中国を統一する以前、始皇帝がまだ政《せい》と呼ばれていた若き頃に、母の愛人だった男をこの方法で処刑している。この絶対君主も母親には弱く甘い部分があった。それを利用して愛人の男は、母親に二人の異母弟を産ませて叛乱を画策した。堪忍袋の緒が切れた始皇帝は、男とその一族を捕縛して処刑を命じたが……斬首で簡単に殺すのでは飽きたらない。そこで、死に

極限の残酷さは、庶民の娯楽でもあった

至るまでの苦しみの時間も長く、これを他の者が見たら、二度と叛乱なんて起こす気になれないほど残酷に殺す方法として、八つ裂き刑が選ばれた。

四肢が千切れても罪人はすぐには死ねない

八つ裂き刑は、まず罪人を仰向けに寝かせて地面に打たれた杭に胴を縛り固定する。そうしておいて、足首や手首をそれぞれ縄できつく縛り、その縄尻を馬に結びつける。手足の数だけ四頭の馬が四方に向かって一斉に走れば、罪人は生きたまま手足を引きちぎられることになる。

しかし、いかに馬力をもってしても、人の筋肉はなかなか強靭。そう簡単に千切れるものではない。馬たちは尻を叩かれ必死では走ろうとして、綱引きのように一進一退。その間に罪人は体を割かれる激痛に絶叫する。やがて四肢は千切れ、罪人は首と胴だけになってしまう。だが、この処刑法では出血が意外に少なく、このため絶命するまでに時間がかかる。手足を奪われた罪人は、それでも死にきれずにもだえ苦しむ。

処刑場に詰めかけた大勢の見物人は、この模様を眺めながら楽しんだというから、一種のイベントでもあったようだ。

四

世界中で行われ技術的にも大いに進化

腹を裂いて内臓を露出「剖腹」は人間の"活き造り"

麻酔も使わずに、生きながら解剖される……昔は世界各地にあった処刑法で、中国においても行われた。妊婦の腹を裂くなど、権力者が興味本位で行った蛮行も多い。

凌遅刑よりお手軽だが残酷さでは甲乙つけがたい

腹を割いて内臓を取り出す処刑方法は、中国よりも中世のヨーロッパのほうが盛んに行われていたという。同じ生きながら解体されるのでも、中国では細かく人体の肉を削りながら、じっくりと数日間かけて死に至らしめる凌遅《りょうち》刑のほうがよく知られる。

しかし、凌遅刑の執行には高度な技術が必要だし、処刑時間も長くなる。

腹を裂くだけなら、凌遅刑よりも簡単である。職人芸のような技術も必要なく手っ取り早く行えるが、受刑者が味わう恐怖や苦痛、絶望感は、斬首などとは比べものにならない。そのため、状況によってはこの方法が用いられることも多々あったようだ。

中国では腹裂き刑を「剖腹《ほうふく》」などと呼び、古代の殷《いん》王朝の頃から行われていたという。

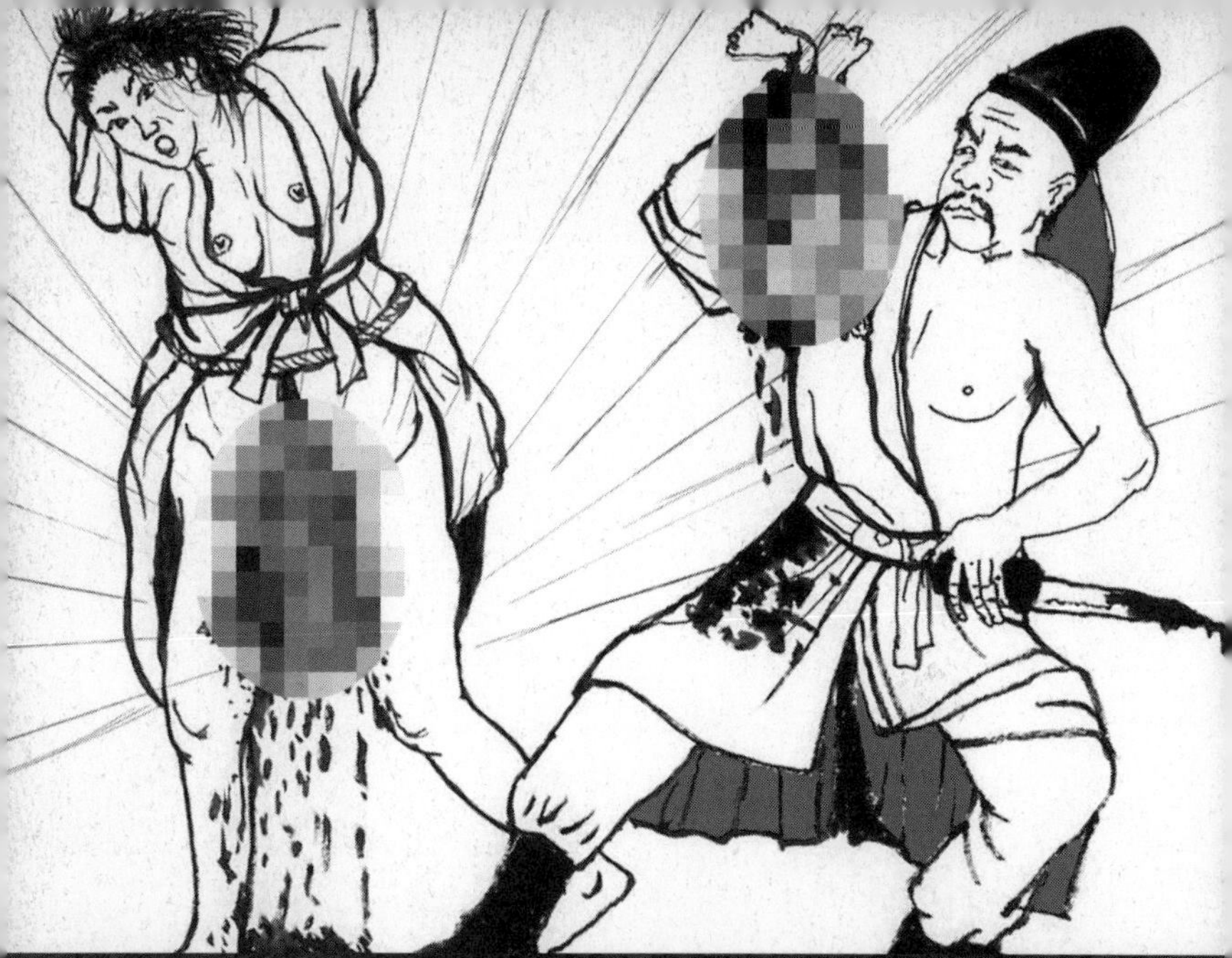

古代の王朝においては、司法の判断による正式な量刑というよりも、独裁者の気まぐれやサディスティックな興味から、この刑の執行が命じられることが多かった。

たとえば殷の紂王《ちゅうおう》は、胎児がどんな状態になっているか知りたいと思い、罪もない妊婦を捕らえて腹を裂き胎児を取り出させたという。妊婦の腹を裂くというのは、中国史に登場する悪逆な支配者には定番の残酷行為でもある。王朝交代のあった時には、前王朝の悪行を糾弾するのによく使われたが……それも実例が多々あったから、民衆に対するリアリティのある喧伝となったのだろう。

狩猟民族の兵士には腹裂きも普通の行為!?

また、古代においては生贄の風習もあり、大きな戦いがあれば戦争捕虜を処刑して、その心

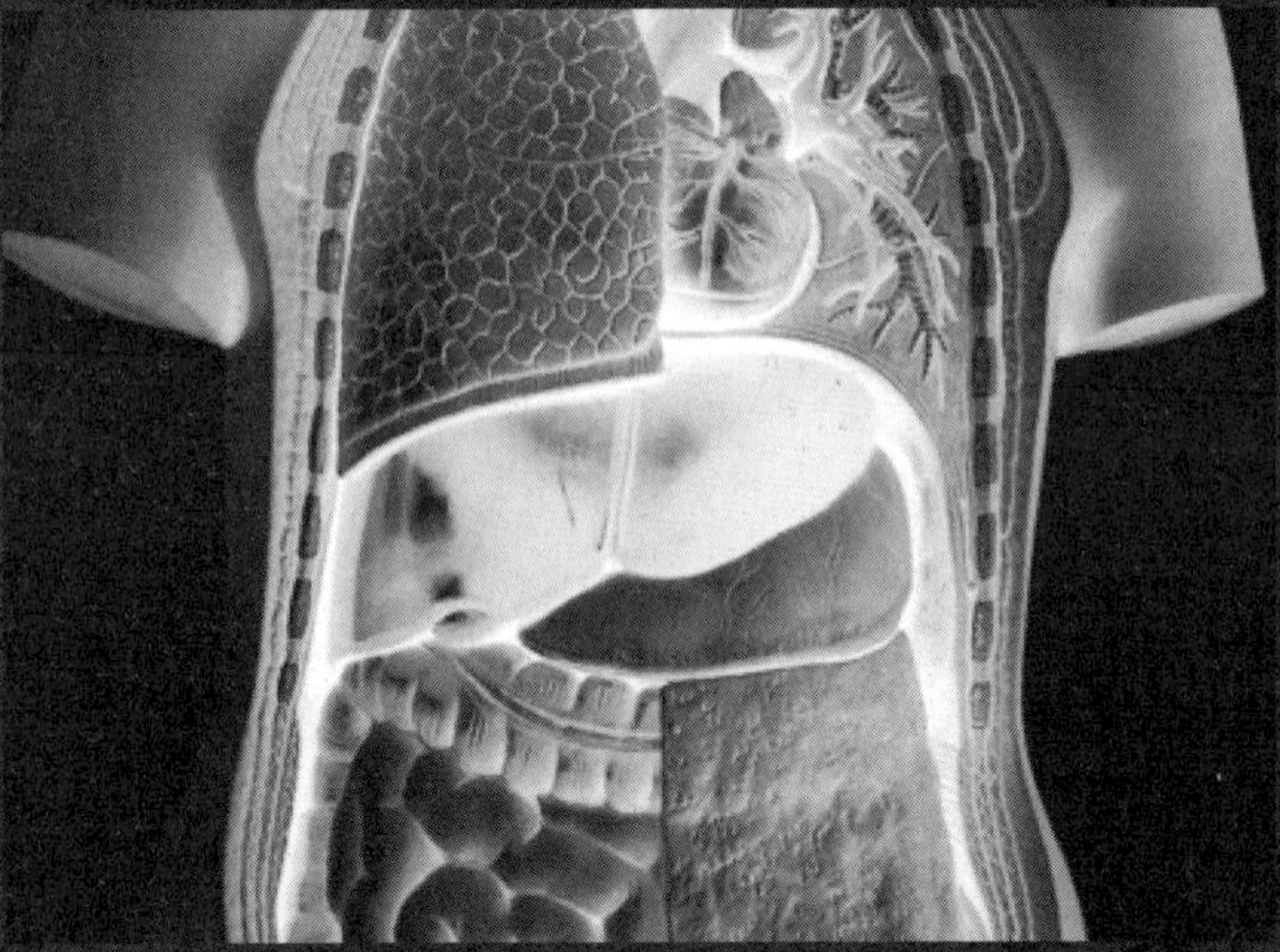

臓や内臓を味方の戦死者の墓前に捧げることもあったという。まだ戦いの余韻が冷めずに興奮した兵士たちは、縛られて抵抗できない捕虜たちに襲いかかり、生きたままの状態で腹を裂き内臓を取り出した。死の直前まで苦痛と恐怖を味わわせ、断末魔の悲鳴をあげさせることで、戦死した仲間たちを弔ったのかもしれない。

　腹裂き刑は、近世の明や清《しん》の時代になっても執行されていた。王朝末期の混乱期になるほど多いという傾向も見てとれる。

　たとえば、17世紀半ばの頃。南下してきた満州族により清が建国されるが、その支配はまだ盤石ではなかった。滅亡した明の遺臣や農民たちにより、異民族の支配に抵抗して各地で叛乱が起こっていた。清軍は各地に出兵して反乱軍を討伐したが、この時、清兵は敵兵を捕えると、腹を裂いて腸を引っ張り出して虐殺したという。農耕民である漢民族とは違って、満州族はもともと狩猟民族である。それだけに捕らえた獲物

寒空の下、解体され湯気をあげる臓器

を解体するのにも慣れている。敵兵の腹を裂くのも、狩猟民族の兵士にはごく普通の行為だったのか？

内臓まで晒されて「活き造り」にされた少女

アヘン戦争後、清の衰退期にも腹裂き刑がよく執行されたという。各地で叛乱が頻発し、清軍の出動も増えていた頃のことだ。

叛乱を抑止するためのみせしめ効果を狙ったものか、また、国内の殺伐とした雰囲気もあり、残酷な腹裂き刑が多く執行された。叛乱が鎮圧された地域で、そこに住んでいた住民たちも賊徒として処刑されたこともある。まだ未成年と思われる少女までもが、腹裂きの極刑に処されたという。

大勢の民衆が集まった処刑場に引き立てられた少女は、そこで衣服を剥ぎ取られ、全裸にされて処刑台に縛りつけられた。足も大きく開かれ、むき出しの股間を人々に見られるという辱めも受けた。しかし、少女にはそれを恥じらう余裕もない。

執行人は解体用の小刀を少女の下腹部に突き立てる。この時代になると腹裂き処刑の技術もかなり進化していたようで、処刑人は内臓を傷つけないように、胸の下まで一直線に刃を入れて切り開いた。腸や胃袋などの内臓が露出し、肌寒い外気の中で湯気をあげている。

熟練の板前による「活き造り」と同じで、腹を裂かれ内臓を露出したまま、それでも生かされている。

このまま心臓を掴み出せば、すぐに絶命して処刑は終了するのだが……それまでは内臓までも晒しものにされた惨めな姿のまま、苦痛と恥辱に耐えねばならない。

五

その残虐さは芸術の域にまで達した

人間の肉を薄くスライス惨すぎて廃止された「凌遅刑」

数ある処刑法の中でも、最も残酷だといわれる凌遅刑。叛乱罪など、国家を揺るがす大罪に適用されたという。刑は公開が原則で、民衆にとっては娯楽のひとつだった。

苦痛と絶望の時をできるだけ長く……

凌遅《りょうち》刑はいつの頃に考案されたものか？その発祥については諸説ある。10世紀に成立した宋《そう》王朝の頃には、すでに刑罰のひとつとして認められていた。その処刑の方法についてだが、罪人はまず市場など人が集まる場所に引き立てられ、そこで縛り上げられ吊るされる。処刑は多くの民衆に公開される。罪人の苦痛にゆがむ断末魔の姿を人々に見せつけることで、犯罪の抑止力になると考えられた。

市場に吊るされた罪人は、食肉として処理される家畜のようでもある。処刑人は小刀や短刀などを使って、縛られて身動きがとれない罪人の体から肉を少しずつ削いでゆく。簡単には殺さない。急所を避け、出血が多くなれば止血までして延命しながら、肉をそぎ落とす。腕のいい処刑人の手にかかれば、体中の肉を削がれて内臓が丸出しになった状態でも、罪人は生存していて意識もあったという。

「肌肉すでに尽きるも　気息いまだ絶えず　肝心聯絡して　視聴なお存す」

とは、南宋の詩人である陸游《りくゆう》の記述によるもの。壮絶な処刑の状況が察せられる。陸游が生きた時代、宋王朝は北方の異民族に圧迫され弱体化の一途、統制も緩んで犯罪や叛乱も多発していた。そのため、犯罪の抑止を狙った見せしめのために、凌遅刑が執行されるようになったという。

全身を切り刻まれるのを待つ者は、生きた心地がしなかっただろう……

しかし、宋代においては、この残酷な処刑法が行われることは稀だったともいわれる。あまりに凄まじすぎて、それを用いることが躊躇されたのだ。凌遅刑が頻繁に行われるのは、むしろ近世になってから。清王朝の頃には凌遅刑が頻繁に行われるようになっていた。また、罪人の苦しみをより長時間持続させられるよう、処刑技術もより残酷になっていた。

たとえば、宋代の頃は二〇〇～三〇〇回程度の執刀回数が、明王朝の時代頃には三〇〇〇回以上にもなっている。おそらく、医学の進歩で人体の構造についても解ってきたのだろう。血管を傷つけぬよう細かく刻んだのか、罪人をほとんど流血させることなく肉を削ぎ落とせるようになったという。また、これだけの執刀回数ともなれば、時間はかかる。細かい作業となるだけに、処刑人も心身ともに疲労する。このため処刑人は適度に休憩をとりながら、数日かけ

うつろな表情で生きたまま肉を刻まれる男性。
ここまで残酷な刑が過去にあっただろうか

三日間かけて肉を削ぎ落とされる生き地獄

て刑を執行する。宋代においては三日間をかけて執行することになっていたというが、執刀回数が増えた近世では、さらに日数をかけて処刑したことがあったのかもしれない。

処刑の途中で、執行人や罪人が食事をとることもあったという。全身を切り刻まれながら、出されたお粥を二杯もおかわりした罪人がいたというから、驚く。また、処刑は日没となれば中断して、罪人は牢に戻され翌日にまた処刑場に連れて行かれて処刑が再開される。全身の苦痛にのたうちながら、翌日の処刑再開を待つ罪人の心情は、どんなだったろうか?

まるで、活き造り……処刑人の技は芸術の域!!

さて、数日間かけて肉を削がれ続けた罪人の体は、頭部と骨と内臓を残して、まるで鮮魚の活き造りのような状態に……それでもまだ絶命せずに意識はある。凌遅刑の処刑法は、芸術の域にまで達していた。ここで心臓をひと刺しすれば、血が一気に吹き出して罪人は絶命する。これで、長い苦しみからやっと開放されるのだ。

清朝末期、各地で叛乱が頻発した。たとえば太平天国で指導者の一人だった石達開《せきたつかい》なども、一八六三年に清朝軍に捕らえられ処刑された。その処刑方法も、この芸術の域にまで進化した凌遅刑によるものだった。残虐な処刑は、民衆にとっては面白い見世物でもある。鬱屈する政治への不満を解消させる手立てのひとつに利用されたのかもしれない。

また、この時代になれば多くの西欧人が中国で暮らしており、実際に凌遅刑を目撃したり写真で撮影した者も少なくない。やがて「残酷すぎる」と各国から非難を浴び、清朝政府も一九〇五年に凌遅刑を廃止している。

六

肛門に器具を挿入して腸を引っ張り出す

生きたまま肛門から内臓を抜き出される「抽腸」

明代は、漢民族の芸術や文化が大発展した時代である。また、様々な産業分野でも技術革新が進んだが、拷問や処刑の方法に関してもその技術は格段に進化した。

明代における拷問は暗黒の進化を遂げる

殷や秦の時代から様々な拷問や処刑が考案され、隋《ずい》や唐の頃に至ってはもはや出尽くした感はある。歴代の王朝でも、古代に考案された拷問や処刑法を、そのまま刑罰として取り入れていた。明王朝でもまた同様で、目新しい刑罰というのはあまり発明されていない。だが、この王朝は何事にも研究熱心ではある。拷問の方法についても、従来のやり方を改良発展させて、さらに恐怖を増幅して苦痛を激しくする悪魔的な工夫が見られた。

たとえば、古代から罪人の腸を引っ張りだす処刑の方法はあったが、それを拷問に取り入れたのが「抽腸《ちゅうちょう》」。従来の処刑では、罪人の腹を裂いて腸を掴み出したが、明代のやり方は刃物は使わない。まずは、罪人をうつ伏せにして四肢をしっかり固定し、肛門を丸見えの状態にす

臓物を引きずり出される激痛と絶望感

る。そして、鉄製の細い器具を肛門の中に突っ込むのだが、この器具は先端が釣り針状になっていて、そのまま抜けば腸が引っかかって出てくるのだ。それだけでも、罪人は激痛に絶叫をあげる……しかし、拷問の本番はここからだ。

引っ張りだされた腸は4メートルにもなる

体外に露出した腸は、執行人によりさらに引っ張られる。罪人の体力にあわせて、殺さぬように慎重に時間をかけながら、じわじわと引き出す。凄腕の執行人の手にかかれば、4メートル近くまで腸を引っ張り出すことができたという。罪人は死ぬ以上の苦しみと苦痛は味わうが、それでもすぐに死ぬことはない。これは処刑ではなく、あくまでも刑罰であり拷問なのだ。腸を引っ張り出され後は、再び牢獄に戻される。数メートルにもなる腸は、肛門から垂れ下がり蛇のように床をのたうっている。その無残な自分の姿に、思わず顔をそむけてしまう。いや、罪人にはそんな余裕はないかもしれない。おそらく激痛と苦しみは、想像を絶するものだ。罪人は数日は生きていたというが、どちらにしてもそう長くは生きられない。この状況で望むことは、斬首して早く楽にしてもらうことである。

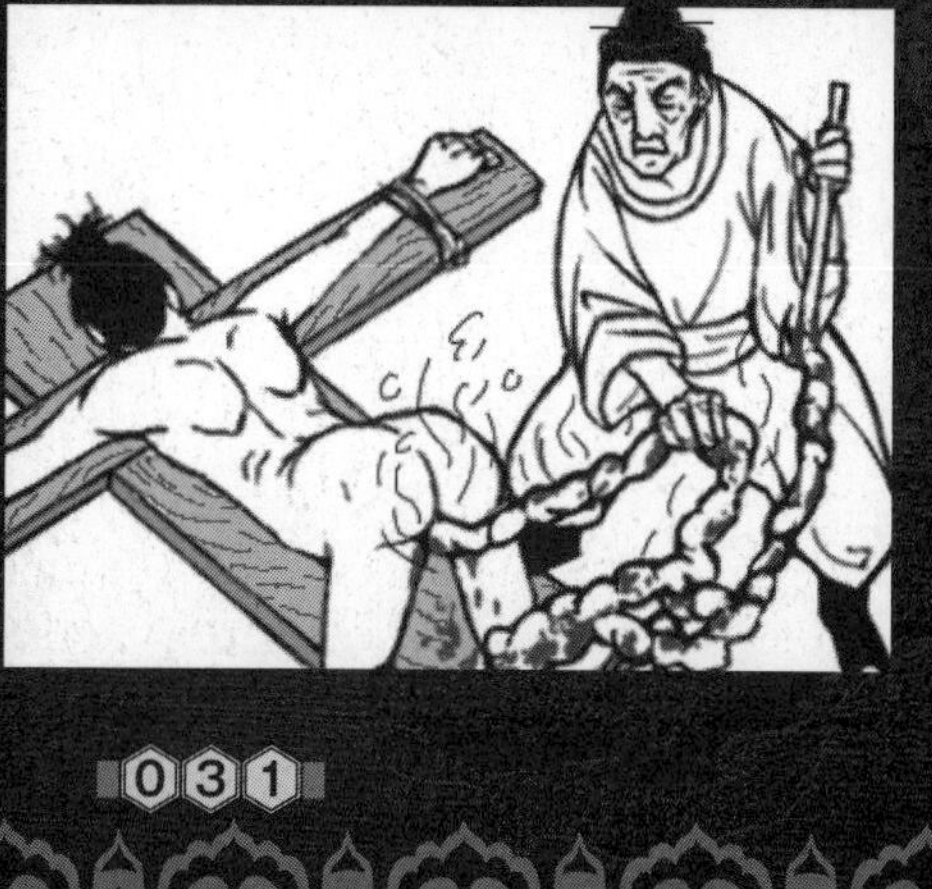

七

極刑をショーとして楽しむ麻痺した感覚

まだ息のある〝肉塊〟に矢を射て殺す「射殺刑」

弓矢を使った処刑法は、中国ではあまり用いられなかったという。他の殺し方と比べて特別に残酷とも思えないが……しかし、やり方次第では、これもまた恐ろしい。

全身を矢で貫かれハリネズミに変貌

当時の人々は、処刑もショーとして楽しむ残酷な面もあった。為政者はそういった庶民の心理を理解して、処刑手段にも珍しくて凝ったものを用いることがある。そこには悪意に満ちたサービスの意味もあったのかもしれない。

弓矢は戦争の武器であり、処刑の道具として用いることは普通しない。

唐王朝においても正式な処刑方法として採用していたわけではない。しかし、則天武后《そくてんぶこう》がこの王朝を支配していた時代に、遊牧民の匈奴《きょうど》と内通して国益を損なったと疑われた官僚がいた。審議の結果クロと判定され、処刑されることになったのだが、この時に弓矢を使った射殺が採用されている。

都のメインストリートで、罪に問われた官僚は手足を切断されて吊るされた。もはや人とは

身体中に矢が突き刺さりハリネズミ状態

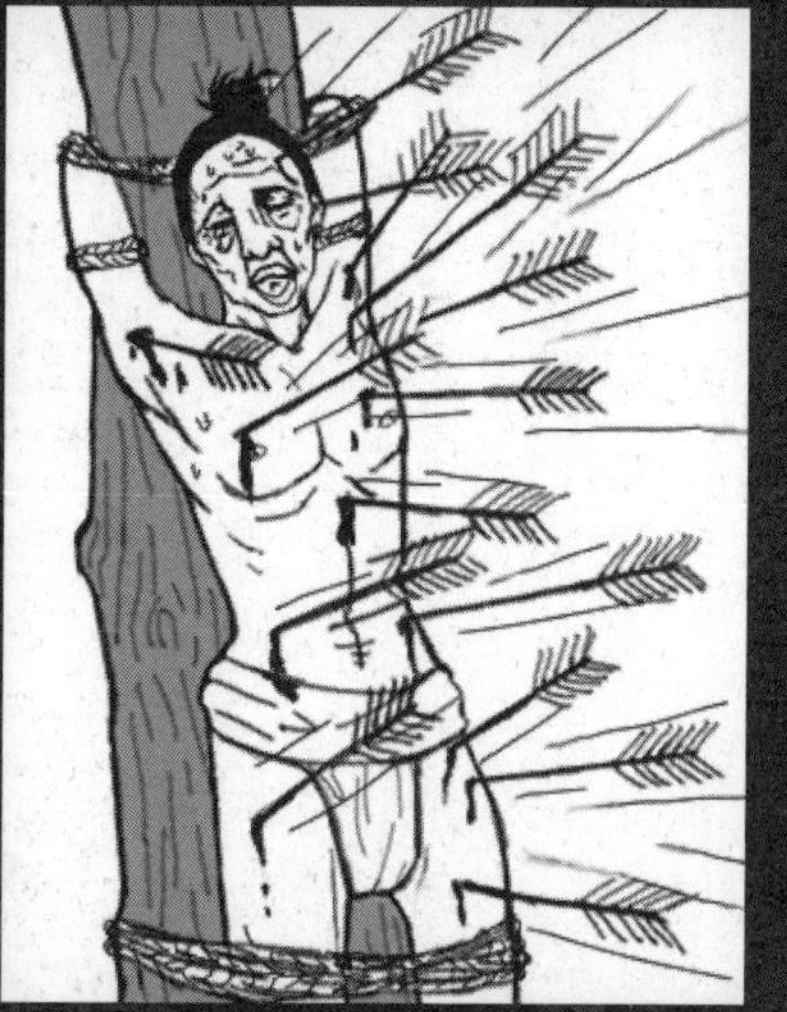

いえないような肉塊に成り果ててはいるが、苦悶の表情でうめき声をあげながら生きている。そこに腕自慢の武人が弓を射て数発が命中。それを見物する人々はやんやの喝采をおくる。さらに、役人たちも次々に矢を射り、みるみるうちに肉塊には無数の矢が突き刺さり、まるでハリネズミのような状態になったという。

捕虜はまとめて軍事教練で射殺

この他にも、漢や元《げん》の時代にも射殺が処刑に用いられたという記録が残っている。乱世の頃には弓名人も多かっただけに、安定期の政権よりは、処刑に弓矢を用いる例が多くなる。たとえば、南北朝時代の北魏では、敵対する地域を制圧した時に大量の捕虜を得れば、兵士も領民もまとめて処刑してしまったという。荒野に無数の穴を掘り、手足を縛って動けなくした状態で、下半身だけ土中に埋めて固定した。そこを騎乗した武人たちが弓を射ながら走りぬけ、射殺した数を競うのである。処刑しながら、弓の腕前を向上させる軍事教練ともなる。一石二鳥だ。しかし、的として殺されるのを待つ捕虜の心情はどんなものだっただろうか？

死の恐怖と苦しみは斬首の数倍か…？

巫女や民衆を川に投げ捨てた「溺死刑」

生きたまま水に沈められる「沈河」も、処刑方法として昔からあった。殺す側からすれば、手間のかからないやり方だが、死に至るまでの時間は長く苦痛に満ちた刑だ。

呪術を使う巫女は川に捨てられ溺死

中国の歴代王朝では、呪術をもって人々を惑わせた者は、水の中に沈めて殺すという処刑法を用いることが多かった。人を呪い殺すことが可能だと信じられていた時代だけに、呪術は恐れられていた。処刑を命じた者や処刑人が、復讐されて殺されることもあるとも考えられていたようだ。呪術を用いる者は悪魔や魔女のような存在だったのかもしれない。

処刑するにも呪われないように、相手の術を封じておく必要がある。そのため、巫女などを処刑する時には、一頭の黒羊を背負わせ、腹のところには一頭の犬をくくりつけておいて、一緒に袋に入れてから川に投げ捨てたという。

また、それぞれの王朝がその刑法で認めたもの以外にも、地方の権力者などが支配地の民衆を裁いて処刑する時にも、川などに投げ込んで

死体を川に投げ込む"二度殺し"も

溺死させるやり方は多かった。昔の日本でもよく賭場荒らしなどは、筵《むしろ》などで簀《す》巻《ま》きにされて川に投げ捨てられた。一番手っ取り早く、特別な技術や道具も必要としないだけに、庶民らの「私刑」には最適の方法だったのかもしれない。

死体を川に棄てられるこれも恐怖と屈辱だった

この時には、巫女の処刑とは違ってもっと簡単で荒っぽい。大きな竹籠に体を突っ込んで、身動きが取れない状態にして川に投げ込む。また、大きな石をくくりつけておいてから投げ込むなどの方法がとられた。

しかし、やり方は簡単だが、溺死というのは、殺される側からすれば斬首などよりよほど苦しい。呼吸ができずに窒息するまでに数分間は、眼球が飛び出すほどの苦しみを味わい続ける。

簡単なわりには、できるだけ苦しめて殺そうという目的には適合している。

また、遥か昔の春秋戦国時代の頃には、処刑に加えて恥辱的な刑罰を加算するという意味で、殺した後に死体を川に投げ込んだという。土に葬って弔ってもらえないということは、古代の人々にとっては耐え難い苦痛。呉《ご》の宰相・伍子胥《ごししょ》が讒言《ざんげん》により自害した時も、彼を憎む王は死体を埋葬することを許さずに、袋に入れて川へ投棄させている。

九

効き目を調べるため人体実験も行われた

中国では盛んだった毒による処刑と暗殺

毒殺は近代でも死刑として採用している国もあった。比較的苦しみの少ない処刑方法といわれるが……しかし、そのやり方や盛られる毒の量によっては地獄であった。

恐怖の人体実験で毒の知識を得た洪武帝

同じ処刑されるにしても毒殺は比較的、人としての尊厳が守られた手段といえる。古代から貴人を秘密裏に処刑する時、あるいは、自ら死を選ぶ時に用いられた。また、暗殺の手段としても毒殺は最も成功率の高い方法。うまくやれば誰からも疑われずに、突然死や病死にみせかけて政敵を葬ることができる。このため、中国では古くから毒に関する研究がさかんで、様々な種類の毒薬があった。明を建国した洪武帝《こうぶてい》も、毒殺を熱心に研究したといわれる。残酷な人体実験も行なっており、致死量に至らない程度の少量の毒を飲ませて、その苦しむ様を観察したり、様々な解毒の方法などを試したりした。自分が毒を盛られた時のために、毒の種類やそれに対する治療法を研究したのだろう。

しかし、さんざん毒を盛られ続けると中毒になったり、毒に対して耐性ができてしまい人体実験には適さなくなってしまう。用済みとなっても普通の生活には戻れない。斬首で殺してしまったあたりは、ある意味、この男に残っていたわずかな温情だったのだろうか？

毒殺の恐怖に怯えた呂后が主催する宴

また、中国三大悪女の一人として知られる呂《りょ》后《こう》も、好んで毒を用いたといわれる。彼女がよく使ったのが、野鳥の内臓から抽出した毒物だった。成分の濃いものであれば、ほんの少量で人を即死させる威力があったという。これで将来的に自分の敵になりそうな者たちを、次々に毒殺した。親族であっても情け容赦ない。そのため、呂后の宴席や食事に招かれたものは、毒殺の恐怖に常に怯えていた。しかし、出された酒や食事に手をつけなければ、後でどんな嫌疑をかけられるか分からない。そのため、「毒かもしれない……」と、恐怖に顔をひきつらせながら、飲み食いした。生きた心地がしなかっただろう。なかには常に解毒剤を準備して、決死の思いで宴席に臨んだ者もいたという。

あの中国三大悪女も毒殺魔として有名

十

刑を執行された後もただでは済まされぬ

死刑後に取り出される臓器にまつわる黒い噂

中国の死刑執行数は、現在でも群を抜いて多い。そして移植用に提供される臓器の数もまた、世界では有数……この二つの事実は、実に深い関係にある。そう、移植用の臓器の大半は処刑された死刑囚のものだというのだ。

年間千人以上を処刑 世界最大の死刑大国

国際人権団体アムネスティ・インターナショナルによれば、二〇〇八年に中国では少なくとも七〇〇〇人に死刑判決が言い渡され、一七一八人が処刑された。これでも少なくなったほうだ。なんと、二〇〇七年には八〇〇〇人の死刑が執行されたという。

ちなみに、ここ10年の日本で死刑執行は47人……人口が日本の10倍であることを考えても、あまりに飛び抜けて多い数だ。また、売春や横領、脱税など、普通の国であれば死刑が適用されないような犯罪まで、死をもって償わせることも多々ある。さらに、冤罪の可能性も多分にある。拷問によって引き出された証拠が採択されることなどに関しては、アムネスティも危惧

少しでも新鮮な臓器を摘出するため、「生きたまま取り出す」というウワサも……

しているという。
また、死刑囚の死体の取り扱い方も、最近は国際的に問題視されている。死刑執行後に、死刑囚の死体から臓器を摘出して販売しているというのだ。ほとんどすべての死刑囚が臓器を摘出されたという推測もある。

新鮮な臓器を得るために移動式死刑執行車を開発

イギリスの「Dilley mail」が報じたところによると、死刑の執行後は迅速に臓器を摘出して輸送するために「移動式死刑執行車」なる車両が中国各地で運用されているという。小型バスかワゴンのような車内には、死刑囚を固定するベッドや手術設備が完備されており、車内に連行された死刑囚は、このベッドに固定され医師による薬物注射で死刑を執行。銃殺などではなく薬物を使用するのは、臓器にダメージを与えないための処置だ。

死刑囚の死亡が確認されると、眼球や腎臓、肝臓、すい臓など使える臓器はここで素早く摘出され、すぐに北京や上海などの大都市へ移送されるというのだ。

そこには、移植を待つ日本や欧米からの顧客が待っている……。

しかし、薬物で安楽死させてもらえるならば、まだ幸せな部類かもしれない。中国人弁護士が、とある著名な心臓外科医から聞いた話としてブログで紹介しているのが、

「重要患者に臓器移植を行なう場合、臓器の鮮度を保つため麻酔をかけずに摘出する」

と、いうのである。また、アメリカの議会公聴会でも、中国人死刑囚からの生体臓器摘出の状況が証言されたこともある。生きた人間を麻酔もかけずに腹を裂き、内臓を取り出すとは……古代の凄惨な腹裂刑と同じ。それが現代でも本当に行われているとしたら、信じがたい。


中国が現在、アメリカに次ぐ臓器移植大国となったのは、臓器を提供する大勢の死刑囚がいたことが最大の理由かもしれない。二〇〇七年には人体臓器移植条例も成立して、死刑囚の臓器摘出に歯止めをかける努力も行われている。しかし、法が遵守されるかどうかについては、懐疑的な見方もある。

死体は標本にして見世物にもなる……

中国では金のためならどんな不正でも働く役人が多いことは、よく知られた事実。役人たちは法の抜け道も熟知している。たとえば、死刑囚といえども、臓器を摘出するには本人や親族の承諾は必要とされているのだが……ウェブサイト「大紀元」によると北京の人民解放軍病院で、その死刑囚の臓器提供意思書、親族臓器提供意思書などが大量に偽造されていたことが発

死んでも金儲けに利用される死刑囚の末路

覚した。これには山東省の地方裁判所も関与していたといわれるが、司法までが不正に加わっていては、もうやり放題だろう。

最近では臓器売買以外にも、死刑囚の死体の利用法について物議を醸したことがある。樹脂加工した本物の死体を使った「人体標本展」が、数年前に日本でも開催されて話題になった。その死体標本の多くが中国で処刑された死刑囚のものだったというのだ。

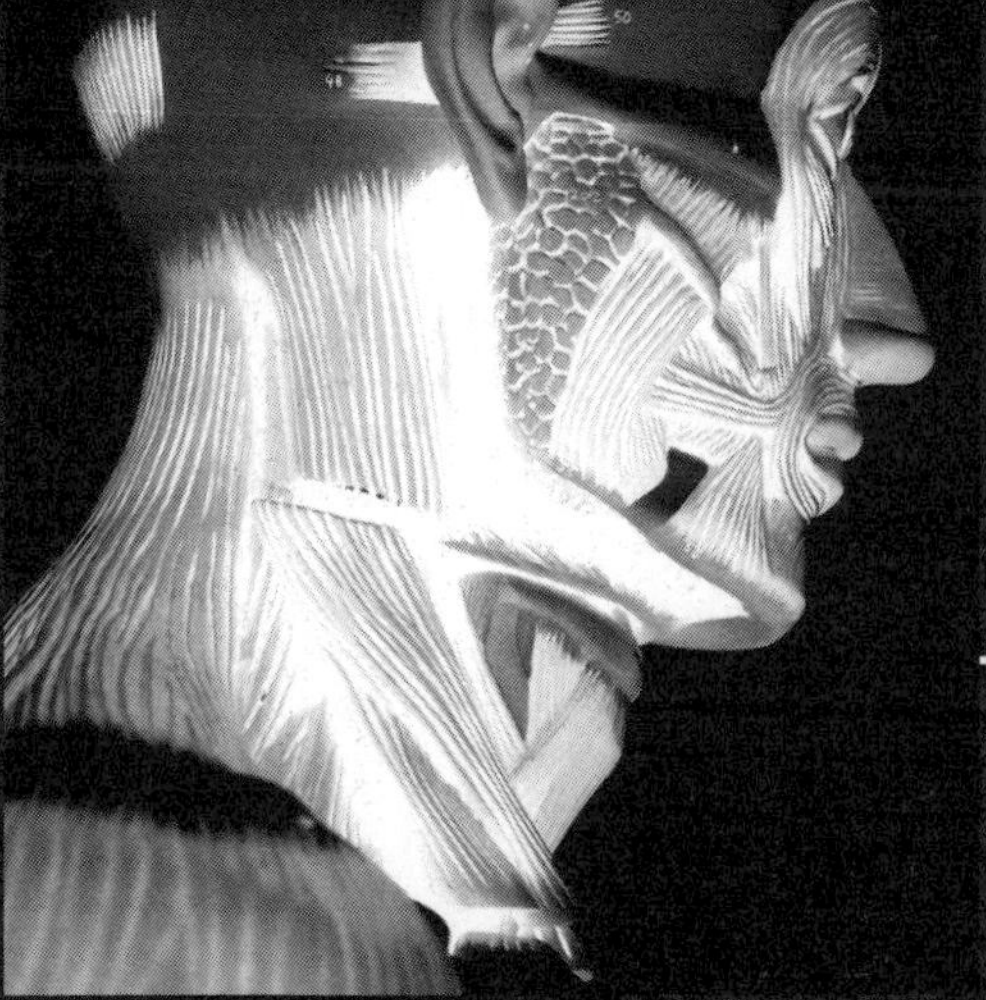

死してなお、標本として見せ物にされるとは耐えがたい屈辱だ

人体標本に使用された死体は、中国大連市の医療機関から提供されたものだが「処刑された死刑囚の可能性が高い」と指摘されている。二〇〇八年のアメリカABCニュースの報道では、死体取引現場の生々しい写真まで公開された。

自分の死体を標本にされて見世物にされることを、果たして本人は了承したのだろうか？

根みや嫉妬に身を焦がし
常軌を逸した女たち

第二部

悪女哀女の章

女の恨みほど怖ろしいものはない。中国には「三大悪女」と呼ばれる女性たちがいるが、その仕打ちは目を覆いたくなるほど凄惨だった。また、悪女たちの責め苦を受けた哀女たちも、その最期は悲惨。人間扱いされずに、失意のままこの世を去った女性の恨みは、決して消えることはない。

「中国三大悪女」の一人は抹殺魔か？

西太后に散見する背筋も凍るウワサ

清王朝の末期に、恐怖政治で政権を掌握した西太后。権謀術数をめぐらし、邪魔者を次々に密殺した冷酷な女だったともいわれる。若死した二人の皇帝も、実は彼女が殺したのではないか……と、当時は噂されていたという。

敵になりそうな人物は次々と暗殺された

呂后や則天武后と並んで「中国三大悪女」の一人に数えられるのが、末期の清王朝を支配した西太后《せいたいこう》である。彼女は満州族の貴族の出身ではあるが、さほど高い家柄とはいえない。だが、知性と美貌は際立っていたようで第九代・咸豊帝《かんぽうてい》の妃となり後宮に迎えられた。そして皇帝との間に生まれた子が同治帝《どうちてい》として即位したことで、絶大な権力を手にすることになる。

そして、ここから約50年にわたり清王朝の絶対権力者として君臨するのだが、その力を保持するために、権謀術数を駆使する。冷酷で残忍な粛清を断行することも多々あった。西太后の権力は、息子である同治帝の存在を背景にしている。このため同治帝の子が、やがて次代の皇帝に即位すれば権力は奪われてしまう。そこでライバルは早いうちに抹殺するにかぎると、皇帝の子を身籠った妃を暗殺したとされる。

同治帝が崩御すると、西太后は甥の光緒帝《こうしょてい》を擁立して権力の座に居座る。この時に、義和団《ぎわだん》の乱により北京にも騒乱が起こった。紫禁城にいた皇族や高官たちは西安に避難するのだが、そのドサクサ

西太后

の中で皇帝の子を身籠っていた珍妃《ちんぴ》が行方不明となる。後に紫禁城内の井戸の中から珍妃の遺体が発見され、何者かによって暗殺されたことが発覚。この黒幕も西太后ではないかと噂された。自らの権力を守るために、次々に皇帝の子を宿した妃たちを殺す。確固たる証拠はないものの、宮殿の中でそれをやってのける力を持つ者は、西太后の他には考えられない。また、妃が死んだことで最も恩恵を受ける者は誰か……そう考えれば、やはり怪しいのは西太后ということになる。

相次ぐ皇帝の若死も西太后の仕業か？

また、西太后が君臨していた期間には息子の同治帝が19歳で崩御し、それに続いて即位した甥の光緒帝も37歳で崩御している。皇帝が連続して若死するのも不可解。実際、戦後になって光緒帝の陵墓を発掘して遺体を調査したところ、遺髪や衣服から致死量を超えるヒ素が検出された。これにより、ヒ素を使って暗殺されたことは間違いない。その犯人もまた西太后が有力視されている。

成人して自分の意志を持ちはじめた皇帝は、コントロールするのが難しくなってくる。そうなると「面倒だから殺してしまえ」というわけだろうか。血縁の幼児を皇帝に擁立しておけば、またしばらくの間はその補佐役として権力を思うがままに掌握できる。光緒帝に続いて即位した清王朝最期の皇帝である宣統帝溥儀《せんとうていふぎ》もまた、11歳の少年だった。彼は、西太后の推挙により皇太子として擁立された。光緒帝の

西太后（写真中央）と后妃たち。そのまわりに居並ぶ男たちは去勢された宦官たち

西太后

次に、この少年を即位させて傀儡《かいらい》とするつもりだったのだろう。もしも、西太后がもう少し長生きして権力の座に執着していたならば、青年に成長した溥儀の命も危なかったかもしれない。

不気味な噂も濡れ衣も、残忍な性格ゆえか

怖い噂は他にもあった。たとえば、咸豊帝から寵愛をうけていた麗妃なる美女に嫉妬した西太后が、皇帝の死後に麗妃を残酷な方法で処刑したというもの。則天武后がやったように、麗妃の手足を切断する拷問を行った後に、酒を満たした瓶に漬けて殺したというのだ。しかし、これは根も葉もない噂。この当時、麗妃なる女性はたしかに実在したが、彼女は54歳まで生きて、処刑されることもなく天寿をまっとうしている。西太后については、濡れ衣のような噂は他にも多々あった。しかし、こういった怖い噂がたつのは、宮中の人々が、西太后の激昂しやすく残忍な性格を恐れていたことも要因。些細な失敗で鞭打ちや棒打ちの刑に処された者も少なくない。西太后が命じる懲罰は情け容赦がないものだから、打ち据えられて死亡する者や身体に障害を患ってしまう者がいたという。

西太后は一九〇八年に72歳で死去しているが、それは光緒帝が崩御した翌日。タイミングが良すぎる。あるいは、これも毒殺……殺してしまわなければ、いつ自分が粛清されるかわからない。そう思って、西太后を恐れていた者は多いはずだ。

二

処刑と拷問で女帝に昇り詰める

中国の歴史上、類を見ない悪女

非情な陰謀を駆使しながら、ついには中国史上初の女帝となった則天武后。その性格も中国の女性史上でもっとも激しく残酷だった。残忍で人間の尊厳を徹底的に貶めたやり方で、敵となった多くの人物を処刑している。

あまりに強い上昇志向が多くの人々を悲劇に

唐の第二代皇帝・太宗《たいそう》は、その晩年、14歳の美しい少女を見初めて後宮に入れた。娘の名は武照《ぶしょう》、後の則天武后《そくてんぶこう》となる人物である。

太宗の死後、武照も他の多くの側室と同じように出家して尼寺に入れられるが、なぜか彼女だけが呼び戻されて、のちに皇帝となる高宗《こうそう》の側女となる。高宗が尼寺で彼女を見初め、ひと目惚れしたものだとされる。高宗は生まれながらに病弱で性格も気弱だった。それだけに、自分とはまったくタイプの違う背が高く健康で、意志の強い武照に魅せられたのかもしれない。

武照は皇后や妃でもなく、後宮での地位はさほど高いとはいえない。しかし、高宗の心はしっかりと掴んでいたようで、まもなく二人の間に男の子が生まれた。皇后に子がなかったので、次代の皇帝候補……当然のこと彼女の地位も上がった。だが、武照の欲望の深さは底知れない。

この後、武照はさらに女児を出産した。しかし、この赤ん坊は生後まもなく死んでしまう。たまたま赤ん坊が死ぬ直前に、王皇后が出産祝いに訪問しており、暗殺の嫌疑が向けられることになる。と

則天武后

いうか、武照がそうなるように宮中で情報操作を行なっていた。哀れ無実の王は皇后の地位を剥奪され、代わって武照が皇后となったのである。

　我が子の死をも自分の出世に利用した。だが、実際に赤ん坊を殺したのは武照だったともいわれる。王が訪問した直後に、自ら我が子の首を絞めて殺したのだという。最初から王を陥れるつもりだったのか？　また、暗殺犯に仕立て上げられた元皇后の王夫人の末路は哀れだった。武照の命令により鞭打ちの拷問にかけられ、半死半生にされてから、その手足を切断されてしまった。

多くの者たちが則天武后の手にかけられて殺されてしまったといわれるが……

皇后や妃を次々に酒漬けにして虐殺する

さらに、その体を酒をなみなみと満たした大瓶に投げ込んだ。酒樽にヘビや蜂などを漬けて薬酒を作るのと同じで、人間酒を製造しようというのだ。王夫人は大量の出血と、傷口に染みる強い酒の痛みに耐えながら、五日間も生き続けたという。息絶えるまで酒漬けの地獄は続く。生きている時間が長ければ、武照や彼女にへつらう者たちに見物され、嘲笑されて辱められる屈辱をよけいに味わうことになる。

則天武后と高宗の陵墓に建つ首のない六十一蕃臣像

絶命した後の王夫人の死骸がどう処理されたかについては、よく解っていない。昔は人肉が漢方薬として珍重されたことがあった。また、猿の死体を漬け込んだ薬用酒が、現在も流通していたりするだ

則天武后

けに……人間酒として飲まれたのかもしれない。武照は権力欲とともに嫉妬心も異常なほど強い。皇帝の高宗が、王夫人にまだ未練があり憐れみを寄せる態度をみせたのが許せなくなり、この残酷なやり方で殺したのだ。もちろん、その強い嫉妬の憎悪は他の妃や側女たちにも向けられる。妃の一人も、王夫人と同様に酒樽に漬け込まれて殺されているし、この他にも大勢の女たちが殺された。

敵対する者は捕らえられ拷問にかけて抹殺

やがて武照は、病弱な高宗に代わって政治を主導。立派に育ってきた皇太子がその地位を脅かすと、これを廃位してしまう。皇太子は彼女が腹を痛めて産んだ息子なのだが……権力を維持するためなら、実の子でも非情に切り捨てる。

その後、幼い皇帝を擁立して、彼女に敵対する大臣や官僚たちを次々に粛清した。密告を奨励して、少しでも疑わしいと思えば殺した。また、容疑者の一族も残らず捕らえて処刑している。武照の配下には拷問の名人もいて、怪しいと思われる人物を捕縛しては、凄惨な拷問にかけて自白を強要。罪をでっちあげることなど朝飯前だった。

こうして、誰も逆らえない完全な独裁体制を築きあげた後に、西暦六九〇年には新たに周《しゅう》王朝を建国して自らが皇帝となった。中国史上でも最初で最期の女帝の誕生。しかし、その帝位につくまでの歴史は、血で染まった残酷なものだった。

三

夫が寵愛した側室を「人間豚」に

手足を切断し眼球まで抉り便所に放置

漢王朝の初代皇帝である劉邦は、女癖の悪さでも知られていた。長年、夫の浮気に苦しめられてきた皇后は、劉邦の死後にその怒りが大爆発。寵愛された側室には、凄惨な運命が待っていた。

ダメ亭主を支えてきた良き妻だったのだが…

漢王朝を開いた劉邦《りゅうほう》の妻である呂后《りょこう》は、中国史上で最も残忍な女として後世にまで悪名を轟かせている。劉邦が片田舎のヤクザ者だった頃に嫁ぎ、さんざん苦労をさせられた。この頃の劉邦は金も力もないくせに、酒好きで女癖も悪い。

そんな亭主にかわって、家を守りしっかり子育てをした。また、ろくでなしの劉邦なのだが、ならず者たちには不思議に好かれて子分はどんどん増えてゆく。呂后はその子分たちの世話もよく焼いた。男勝りで気風もいい彼女は、誰からも慕われる「肝っ玉母さん」といった感じもあったようだ。その頃からの子分らの多くが後に漢帝国の高官となるが、彼女への恩は忘れない。それが呂后の権力を絶対的なものにして、やりたい放題の暴虐を容認してしまう一因となったのかもしれない。

時は乱世である。ダメ亭主と思われていた劉邦だが、その乱世でのし上がる資質と運があった。秦王朝の打倒をめざして各地で叛乱が起こると、混乱の中でめきめきと頭角を現し、ついには名族出身の項羽《こうう》と天下の覇権を争うようになる。なぜか人には好かれる劉邦

呂后

だけに、その傘下にどんどん兵は集まり、最後は圧倒的な兵力差で項羽を滅ぼし、天下の覇権を手にしたのだった。

積年の恨みが爆発！ 浮気相手に凄惨な復讐

漢帝国が成立すると呂后も皇后となる。しかし、これでハッピーエンドとはならなかった。天下獲りの戦いを終えて暇になった劉邦が、また悪い癖を出すようになる。しかも強大な権力を掌握しているだけに手に負えない。片っ端から若い美女を後宮に入れて欲情に耽る。こうなると古女房のことなど眼中に無し。皇后にはなったものの、呂后はかなり寂しく悔しい思いをしたことだろう。

紀元前一九五年に劉邦が死去すると、呂后の長年鬱積していた怨念が爆発する。劉邦は生前に美人と誉高い戚《せき》夫人をとくに寵愛していた。呂后との間に生まれた皇太子の孝恵《こうけい》を廃して、戚夫人に産ませた如意《にょい》を即位させようとした。しかし、この企ては重臣たちの猛反対にあって劉邦も思いとどまったが、呂后の戚夫人への怨恨は深まる。そして、孝恵が第二代・恵帝《けいてい》となり、呂后が事実上、権力を掌握した時、凄まじい復讐が始まる。

すぐに戚夫人を捕らえて、凶悪犯の牢獄に入れて集団で強姦させた。頭を丸坊主にして顔に焼き印を押し、醜い容貌にして辱めたともいわれる。また、戚夫人の子である如意も毒殺されている。

沛県（江蘇省）付近で身を伏せた劉邦を訪ねる呂后（沛県博物館蔵）

呂后

手足を切断されて豚と一緒に便所で飼われる

しかし、復讐の怨念はこれだけではおさまらない。戚夫人を全裸にして、その手足を切断。鋭い刃物で両方の眼球をえぐり出し、次に口を無理矢理にこじ開けて、声帯を潰す劇薬を流し込む。最後には両方の耳にも酸を流し込んで鼓膜も焼いた。もはや、苦痛にのたうちまわろうにも手足はなく、絶叫をあげたくても声は出せない。また、自分がどんな姿になっているか見ることもできず、周囲の声も聞こえない。まさしくこの世の地獄である。変わり果てた姿となった戚夫人は、そのまま便所に投げ捨てられた。昔の中国では便所の下には豚が飼われ、人間の排泄物を食べていた。排泄物を始末して、豚はそれから栄養を得て肥え太るのだ。戚夫人はその豚と一緒に、排泄物の悪臭が充満する場所で死にきれずに苦しみもがいていた。

「人豚」

呂后はそう名付けて、その哀れな姿を眺めながら嘲笑したという。面白い見世物として息子の恵帝にも見せるが、残忍な母とは違って並の神経しか持ち合わせなかった恵帝にはショックが大きすぎた。以後、悪夢に苦しみ精神を病んで早死してしまう。その後、呂后は傀儡の幼帝を擁立して、さらに暴政をふるう。政権の要職に就いていた劉邦の一族をことごとく殺害してしまうのだ。亡き夫への愛憎の深さが、多くの人々を不幸に陥れてしまった。

四

足を小さく矯正するおぞましき因習

昔の中国には、女の足を無理矢理に変形させて小さくする「纏足」と呼ばれる悪習があった。しかし、その施術は拷問に近いほどの苦痛があり、また、生活するにも様々な困難があり、健康上も問題があったという。

男の欲望のために苦痛を受ける女性

幼女の足の骨を折り無理矢理に変形させる

纏足がいつの頃から行われるようになったか、実はよく解っていない。しかし、唐代にはすでに「足が小さいこと」が、美人には不可欠な条件とされる風潮があり、女性たちは玉の輿に乗るために、幼い頃から纏足をするのが普通になっていたという。

纏足は女の子が三～四歳になった頃に行われる。それ以上の年齢になると骨が硬くなり、施術するのが難しくなるのだ。

足の親指以外の四本の指をしっかりと握らせ、それを力任せに足の裏に向けて折り曲げる。この時、骨はボキッと音を立てて折れる。幼い子供は激痛に泣き叫ぶが、さらに小さく折り曲げた足は布で何重にもきつく縛って固定される。それを針と糸で縫いつけて完成となるが……骨折の痛みに圧迫痛も加わり、数日間は苦痛にのたうちまわることになる。苦痛に耐える少女には、さらに過酷な運命が待っている。この時にも寝かせてはおかない。小さく美しい足をつくるには、この時にしっかりと歩かせるのがコツなのだ。無理矢理に立たせ、部屋の中を歩かせる。骨折した足先に全体重がかかるだけに、激痛はさらに増す。

纏足（てんそく）

そして、きつく縛られ血液の循環が滞った足は、すぐに膿んで異臭を放つようになってくる。数日間が過ぎると、割れた陶器のかけらを足の下に敷いて布を巻きつける。歩くたびに陶器が傷つけ、足は化膿を続ける。これによって余分な肉が腐り落ちて、より小さくて美しい形の足になるというのだ。現代人の感覚からすれば、もはや拷問に近い。しかし、親たちは娘の将来のために心を鬼にして、この過酷な施術に没頭する。

纏足すれば、足の大きさは10センチ程度になる。足先に力が入らず、そのため内股の筋肉をよく使うので、アソコの締りが

纏足している老婆。その痛みは筆舌に尽くしがたい

よくなるとも一説には言われる。纏足とは名器をつくる作業でもあった。つまり、男たちの欲望のために、昔の女性は幼い頃から苦痛を味わわされたということか？

　しかし、歩行にかなりの困難がある。ヨチヨチ歩きで走ることもできず、長距離の移動も難しい。それもまた男たちには好都合。女が外出もあまりできなくなれば、人との交流もなくなり貞淑が守られる。纏足という風習の発祥は、男たちの都合のいい欲求によるところが大きい。それほど昔の女性は人権を無視された。まるで、牛馬が逃走するのを防ぐために、縄で繋ぎ止めておくのと近いような感じもある。

　男には都合のいい纏足ではあるが、逆に女が生きるために不都合は多かった。たとえば、戦争が起きても纏足の女たち

纏足（てんそく）

は逃げることができず、他国の兵士に捕らえられて強姦されたり殺される危険性は大。洪水や火災などが起きても、やはり、逃げ遅れて死ぬのは女のほうが圧倒的に多かったという。また、足は一生涯布で縛ったままなので、衛生的にも問題があり、素足になると異臭を放ったといわれる。足裏は健康に大きく影響する箇所でもあり、これも女性の平均寿命を下げる一因になっていた。

清朝末期に西太后が纏足禁止令を発布したが…

纏足するのは漢民族だけで、周辺の異民族には理解に苦しむ風習でもあったようだ。満州族の王朝である清が成立すると、あまりに弊害が多いというのでこれが禁止される。しかし、度重なる禁止令にもかかわらずいっこうに風習は改まらない。このため清朝末期には、西太后が厳しい罰則を科す纏足禁止令を発布。これによってやっと北京や上海などの都市部では、纏足の風習も下火になり、中華民国成立後はほぼ消滅したといわれる。それでも、近世になってからも農村部では密かに纏足が施されていた例もある。

ちなみに一九九七年にアメリカのカリフォルニア大学が調査したところによれば、北京に住む老人女性を無作為に選んで調べたところ70歳以上で18パーセント、80歳以上で38パーセントもの纏足が確認されたという。

陰部を糸で縫い合わせる戦慄の刑

五

男性器の切除よりも残酷だった！

女性の不貞には厳しい社会だった古代中国。不倫の罪を犯した女性は、生涯を密室で監禁されて暮らした。また、近世になって医療技術が進歩すると、浮気防止のために悪魔的な人体改造手術も行われるようになる……。

不貞の罪を犯した女性は生涯監禁された

古代の頃、男性の性器を切除する宮刑という刑罰があった。これに対して女性には、生涯にわたって男性との接触を絶つために牢獄や密室に監禁するという刑罰があり、これも男性の宮刑と同じくらいの重罪とされていた。

しかし、やがては監禁などという生易しいことは許されなくなってくる。

明代の頃には、不倫などで捕縛された女性には、性器を使用不能にする手術が施されるようになった。医療技術の進歩が、かえって刑罰を残酷なものにしたのである。

家畜の馬や豚などの雌の発情を抑えるために、性器周辺の筋肉を断裂させる施術があったというが、それを罪に問われた女にも施したのだ。

医療技術の進歩が女性の悲劇を生んだ

これによって性欲が湧かなくなるというのだが……男性器を切除

女性への宮刑

する以上に危険で致死率も高い手術だった。男性器切除手術では致死率30パーセント程度だったが、こちらの場合は致死率50パーセント以上。死ぬ確率のほうが高かったということだ。

恥辱と苦痛を味わわされ、あげくに殺されるのではたまらない。いっそのこと最初から処刑されたほうが、マシだったのかもしれない。

女性の生殖器を破壊する方法は、他にも色々とある。たとえば、膣に太い木の杭を装着して塞いでしまう方法。これだと確かに物理的に性交は不可能となる。しかし、抜けないような太い杭を膣の奥深くに無理矢理に入れるのは、かなり危険なものだったに違いない。さらに、もっと残酷なやり方だと陰部を太い糸で縫い合わせてしまうというもの。こちらも下手な手術をしてしまうと尿道まで塞がれて、死に至る危険がある。

浮気を封じるために陰唇にピアスと鍵

女性の陰部を縫い合わせるのは、近世の清の時代にも行われていたようである。ニンニクの塊を陰道に詰め込んでおいてから、縫い合わせたという。ニンニクの抗菌作用を利用して、術後の細菌感染を防ごうという措置か？　しかし、これで危険が軽減されたかどうかは定かではない。

清代の初期、一七世紀の頃に地方の役人が使用人の女と不倫したことがあった。

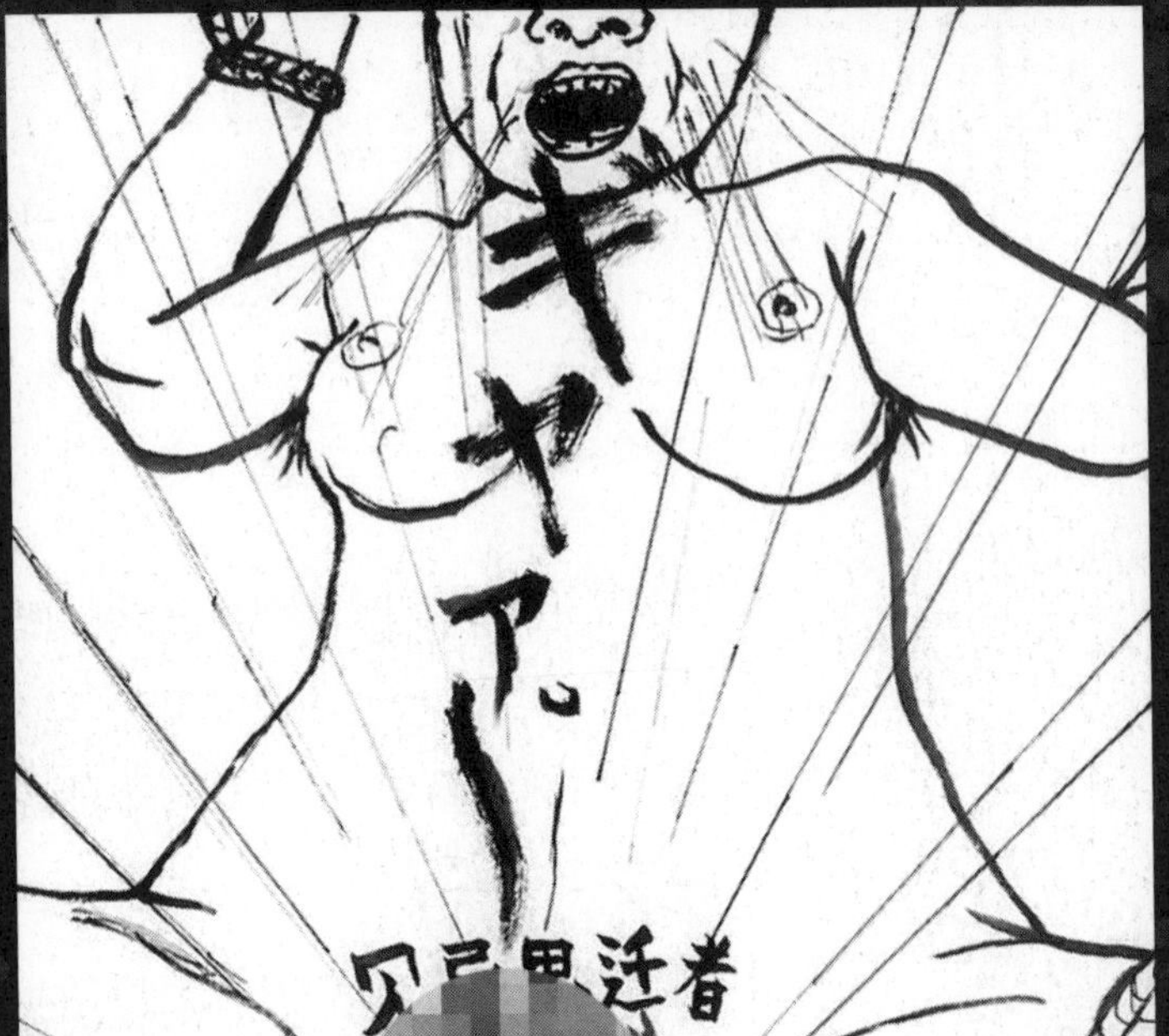
キャア。ー

女性への宮刑

この時に役人の夫人が怒り、使用人の女を捕らえて左右の陰唇にキリで大きな穴を開けて、その穴に錠を取り付けてしまったという。そして鍵は井戸に投げ捨て、二度と開けることはできなくなった。使用人の女は幸い感染症になることもなく生きていたが、二度と性交することのできない体となってしまった。

嫉妬深い夫は不倫予防に妻を手術する

また、陰唇に鍵を取り付けられるというのは、何も不倫の罪に問われた女ばかりではない。女を男の所有物として考えていた時代には、何の罪も犯していない大勢の女たちにもこの恐ろしい手術が施されている。

中世のヨーロッパでも、十字軍として中東へ出征した騎士たちが、妻の浮気を防止するために貞操帯を履かせたという。しかし、直接に陰唇に穴を開けて鍵をかけるという中国式のやり方のほうが、残酷ではあるが確実に浮気を防止することができた。

陰唇の皮を縫うだけならば、現代でもそこにピアスを施す女性もいるだけに、比較的、人体に障害を生じることもなく安全だとは思われる。

ただし、やはり抗生物質のない時代だけに、術後に細菌感染で苦しんだり、なかには死ぬ者もいたという。どちらにしてもこの時代は、嫉妬深い夫や恋人をもった女性は不幸であった。

第三部

食人肉の章

人間が人間を食すこの世の地獄絵図

古代の中国では、殺しても飽き足らない憎い敵は、死後にその肉を食べたという。それは相手を徹底的に辱めるのが目的だった。
また、『水滸伝』などの古い書物には、人間が人間を喰らう悪夢のようなシーンが数多く描かれているが、多くの証言などによって実際に食人肉が行われていた可能性は高い。市場には豚や羊などとともに人肉が並び食されていたというのだから……背筋が凍る。

一

食糧不足は戦死した兵士で解消

飢えを凌ぐために石臼で人間肉団子を挽く

唐帝国を大混乱に陥れた安禄山の叛乱。戦いで荒れ果てた河北の平原は食料が不足して、敵も味方も人肉を食べながら飢えを凌いで戦ったという。

敵兵の死体を食えば食料不足も解決……

中国史に疎い人でも、安禄山《あんろくざん》の名前くらいは聞いたことがあるだろう。唐に対して叛乱を起こして首都・長安をはじめとする河北の大半を制圧、ここに燕国《えんこく》を建国して、皇帝にまで即位した男である。

安禄山が従えていた反乱軍は、国境守備軍や異民族などの兵士が大勢集まってきて10万とも20万ともいわれる大軍に膨れあがった。しかし、これだけの兵に与えられる食料はない。戦乱により農民は逃走しており、田畑も荒れ果てた状態なので現地調達も難しい。

そこで反乱軍は巨大な石臼をいくつも調達し

人肉を石臼で挽いて粉々にする……想像しただけで鳥肌が立つ

た。そして、戦場に倒れていた兵士の死体を手当たり次第に石臼に投げ込み、骨ごと挽いて団子状にして兵士たちの糧秣として配給したというのだ。河北平原へ侵攻した時、安禄山の反乱軍は四方を敵に囲まれた状態。毎日のように戦闘があり、新鮮な死体は無尽蔵に手に入る。これで食料不足の問題は解決し、戦闘があれば腹いっぱい食えるというので兵士たちも、いっそう張り切って戦意旺盛になる。

　また、攻めてきた安禄山の軍勢だけが残酷なわけではなかった。守る唐軍の側も凄まじいことをやってのけている。現在の河南省にある睢《すい》陽《よう》城が安禄山の軍勢に包囲され、城中の食料も尽きた時、「妻の命を惜しんで、兵士を見捨てるわけにはいかない」と、城の守備にあたっていた将軍が、自分の妻や側室を殺してその肉を兵士に分け与えたというのだ。当時は美談として語られたようだが……現代人の感覚からすると、あまりに残忍すぎる行為だ。

　また、安禄山の叛乱が終息してからも、戦乱で荒れ果てた耕地の再生には年月を要した。このため慢性的な食料不足に陥り、平和を取り戻した町にも、人肉が市場に並んでいたという。

二

人肉は万病に効くという異常な迷信

股肉を削いで食卓へ 豪勢なご馳走は妻の肉

蜀の初代皇帝となった劉備玄徳。義に厚く、温厚な人格者として描かれているが……若い頃に人肉を食べたという記述が『三国志演義』に記されている。

人肉を食べさせられても劉備は平然としていた

『三国志演義』によれば、劉備玄徳《りゅうびげんとく》は西暦一九四年に徐州刺史《じょしゅうしし》となるが、呂布《りょふ》により領地を奪われて小沛城へと移った。しかし、この後に小沛にも呂布の軍勢が攻めてきて、劉備は城を捨てて逃走する。

劉備は部下たちとも離れ離れとなりながら、たった一騎で敵の追撃を避けて必死で逃げた。その逃避行の道中で、劉安《りゅうあん》なる人物の家に匿われることになる。劉安の一家は貧困の極みにあり、他人に食べさせるような食料はなかった。しかし、劉備をもてなした時の食卓には、普段は口にすることのできない肉が大皿に盛られている。

　命からがら小沛から脱出した劉備は、かなり空腹だったようで肉をむさぼり食った。だが、その肉は……なんと、劉安が妻を殺して料理したものだった。現代の感覚なら腰を抜かしそうなものだが、劉備はこの歓待を素直に感謝しているのだ。

　当時、人肉を食べるのはさほど珍しいことでもなかった。劉備のライバルである曹操《そうそう》が建国した魏でも、人肉を干して作った保存食を軍の備蓄食料としていたという。また、昔の中国では親が病気で苦しんでいる時に、息子や娘が自分の太腿の肉を削いで食べさせ、滋養をとらせることを最大の親孝行としたことがある。ちなみに、人の股肉は万病に効くという迷信があり、近世の明や清の時代にも病人に食べさせることがあったという。


　実はこの時も、劉安は妻を殺すつもりなどなく、股肉を少しだけ削ぐつもりだった。「貴人をもてなすためだ、痛いけど少しだけ辛抱してくれ」と妻の肉を削いだが、劉備があまりに美味しそうに肉を食べるものだから、つい肉を削ぎすぎて妻を殺してしまったという説もある。

あの劉備も人肉を食すシーンが『三国志演義』には描かれているが……はたして本当だったのか？

三

豚や羊と一緒に市場に並べられる人肉

鍋、天日干し、塩辛…珍味とされた「人の肉」

古代の中国では人肉が食材として、豚肉や羊肉といっしょに市場に並んでいたという。古今の英雄や賢人にも、人肉を食した者は多い。人肉の調理方法に関しても、そのバリエーションはかなり豊富だったというから空恐ろしい。

気に入らない家臣はみんな殺して食う!!

『史記』には、殷《いん》の紂王《ちゅうおう》による悪行が多く記されているが、その中には人肉を料理して食べた話もよく見る。酒池肉林の熟語でも知られるように、国費を湯水のごとく使って山海の珍味を味わい尽くした紂王だが、なかでも人肉は好みの珍味だったようだ。

たとえば、側室となることを拒絶した娘をその父親と一緒に処刑して、さらにそれを諫めた家臣までも処刑。その死体をまとめて塩漬けにして、宴会の席で振る舞ったという。この他に

豚や羊などの肉と一緒に、人肉も「両脚羊」という名で市場に並んでいたといわれる

も、些細なことに怒って側近の者たちを処刑しては、その肉を細かく切断して天日で干し肉にもしたという。

戦乱の時代には人肉が大量に流通した!?

紂王のエピソードでもわかるように、中国では古代から人肉が食べられてきた。日本やヨーロッパでも、飢饉や籠城戦で食料が不足した時には、背に腹は変えられず死体を食べることはあった。しかし、古代の中国においては紂王のように、人肉を珍味として好んで食べる者がいた。たとえば春秋戦国時代の列強国である斉《せい》の桓公《かんこう》なども、料理人の易牙《えきが》に勧められて人肉料理を食べている。この時に桓公の食膳に出されたのは、赤ん坊の蒸し焼きだったといわれるが、なんと、その食材となった赤ん坊は易牙が自分の子を殺して調理したものだったという。

戦乱に明け暮れた春秋戦国時代は、あちこちに死体が転がっていた。戦場には兵士の死体が散乱し、敵に攻められて廃墟となった街にも住民の死体があふれている。食材には事欠かない。おそらく、豚や羊よりも安価な肉として市場に供給されたのかもしれない。人肉は貴重なタンパク源だった。儒学の祖である孔子も人肉を食べたことがあったという。

唐代になると、人肉は「両脚羊《ヤンシャオロウ》」と呼ばれるようになる。つまり、二本足で歩く羊ということだ。そんな固有名詞がつけられるところをみると、食材として定着していたと考えられる。また、豚肉や羊の肉と同じように、人肉も市場に並べられていたという。

当時、唐を訪れたアラブ人の記録などを収集した『印度支那物語』によれば、「刀で殺害された（即ち病死にあらざる）、すべての人の肉を食用とする」と、記されている。病死者の肉を食べれば病に感染する危険性があるが、斬り殺された健康な肉体であればその心配はない。また、殺されたばかりの人間の肉は鮮度も満点で、食用には最も適していたのだろう。処刑された罪人の死体が食材となることも多かった。

凌遅刑などで刻まれた罪人の肉が、見物している人々にふるまわれたこともある。政府の高官といえども、政争に敗れると、処刑されて食べられてしまうことがあった。

戦場においても、敵兵の肉は非常食にもなった。敵の肉を食べるのは、憎悪と士気を煽って兵士の戦闘力を高める効果もあったという。さらに、明代になると人肉は漢方薬としても珍重されるようにもなった。

人肉料理のレシピも色々とあったようで……。

また、中国は四〇〇〇年の食文化だけに食材の調理法にはこだわる。人肉に関しても様々な調理法があった。古代からもっとも好まれたもののひとつに「醤《チァン》」とよばれるものがあった。細かく刻んだ人肉を麹や塩と混ぜて酒に漬け込むと、発酵してよい味になるという。いわゆる塩辛であり、保存食にしたり料理の調味料などにも用いられたという。

秦や漢の時代には「羹《カン》」と呼ばれた人肉料理も流行った。人肉をメインディッシュにした鍋料理だったという。戦争捕虜を大鍋で煮殺した時に、それを捨ててしまうのがもったいないと食べたのが最初だといわれるが、その発祥については謎の部分も多い。

人肉は「両脚羊」として珍重されていた。

四

こつ然と姿を消した九人の家族

「人肉饅頭」として料理店で供された遺体

90年代初頭に制作された香港映画『八仙飯店人肉饅頭』は、日本のマニアックなファンの間でも評判になった猟奇映画。しかし、この映画のストーリーは、ある実在の事件を題材にしたものだといわれている。

消えた遺体は〝肉饅頭〟にされたのか…？

事件が起きたのは、一九八五年のマカオ。八月の暑い日、町外れの海岸で人間のバラバラ死体が発見されて大騒ぎになった。警察が遺体を回収したところ、手首や膝から下の脚、踵《かかと》の部分などが次々にみつかり、複数の人間の死体だということが解った。しかし、この付近の海にはサメも多く、遊泳中に襲われて食べられたということで、捜査は打ち切られる。

だが、その後、警察に一通の手紙が届けられる。それによれば、海岸で発見されたバラバラ死体はマカオ市内の料理店「八仙飯店」の店主と、その家族のものではないかというのだ。手紙の主は店主の弟だった。店主一家は妻と子が五人、さらに母方の祖母や叔母も加えた九人家族。それが数カ月前から失踪しており、店は雇われコックの黄なる人物が残ってそのまま営業を続けていた。この黄が店主一家を殺して、死体をバラバラにして海岸に捨てた。失踪にみせかけて店を乗っ取ったのではないか？　弟はそう疑って警察に手紙を送ったのだ。

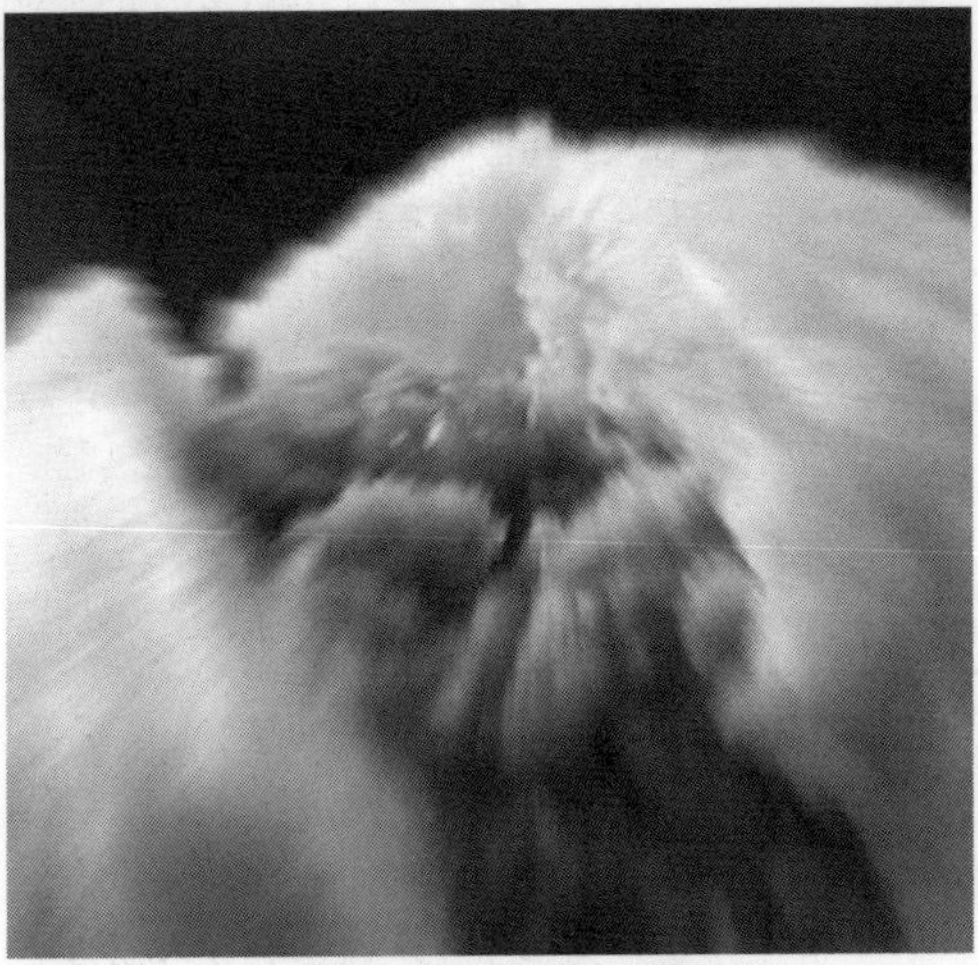

映画だけではなく、『水滸伝』などでも人肉饅頭は描かれている

警察もこれを有力な情報と判断して調査してみたところ、死体から採取した指紋が店主一家のものと一致した。警察は黄を逮捕して尋問するが、彼は一家の殺害を否認したまま獄中で自殺。このため事件は迷宮入り。一家の遺体のかなりの部分、胴体や太腿、頭部なども行方不明のままで、謎は残った。

しばらくして、黄は殺した一家の死体を肉饅頭にして客に食べさせていたという噂がたつ。店の近隣に住む者から「異臭がした」などという証言もあり、噂はいっそう信憑性をおびたものになる。映画もこの噂をもとに制作されたものだが……噂か真実か、容疑者の黄が死んでしまった今となっては謎である。

五

これでもかと登場する人肉食シーン

「水滸伝」に見る中国の人肉食文化

『水滸伝』に登場してくる好漢たち。その実像はかなり残虐で冷酷無比、人肉も平然と食べている。現代人の感覚からすれば、それはとても英雄なんて呼べない悪魔の所業なのだが……。

一〇八人の英雄たちはじつは食人鬼だった!?

一〇八人の英雄が腐敗した宋王朝と戦う『水《すい》滸伝《こでん》』は、明の時代につくられたファンタジー歴史小説。この物語は日本でも昔から人気がある。湖上に浮かぶ小島に造られた要害・梁山《りょうざん》泊《ぱく》に集う英雄たちは、さわやかな好漢として描かれているが……どうやら、日本語訳では残酷シーンがかなりカットされているようだ。原本に登場してくる英雄たちは、残酷大好きなサディストだらけ。また、平然と人肉を食べているシーンも目立つ。

宋江を筆頭に『水滸伝』には異様なほど人肉を食らう描写がされている

たとえば、不正蓄財で庶民を苦しめた元・地方官僚の屋敷に、梁山泊の面々が押し入り、官僚を捕らえて庭の木に縛って括りつけた。成敗されても仕方がない悪人だけに、普通に斬殺されるだけならば、痛快な活劇なのだが……なんと、殺すだけでは飽きたらずその肉を食べてしまうのだ。しかも、これを命じたのが、温厚な人格者として知られた首領の宋江《そうこう》。料理上手な暴れん坊の李逵《りき》に命じて生きながら切り刻ませ、その肉をみんなで焼いて食べたというから恐ろしい。

断末魔の悲鳴を聞きながら人肉バーベキューを楽しむ

李逵が太腿や尻などの肉をどんどん削ぎ、それを取り囲む梁山泊の連中が、次々に手に取って炭火で焼きながら食べた。

「お願いだから、早く殺してくれ……」

苦しみもだえながら哀願するのを眺めながら、酒を酌み交わし焼肉パーティーのような宴会で盛り上がったというから、想像を絶する。

『水滸伝』には焼き肉の要領で人肉を炙って食らう描写も……

体中の肉を削がれ虫の息となったところで、内臓を取り出されて絶命。もちろんその内臓も、後で料理されてしまう。

また、一〇八人の英雄のなかには、人肉を食べさせることを商売としていた者もいた。張《ちょう》青《せい》と孫《そん》二《じ》娘《じょう》の夫婦は、梁山泊に入る前から孟《もう》州《しゅう》（現在の河南省）で居酒屋を経営していたのだが、ここではなんと人肉饅頭が売られていた。この居酒屋では太って肉付きのいい客が来ると、睡眠薬の入った酒を出す。薬が効いてきて客が寝入ると、すぐに調理場に運び込んで殺して解体してしまうのだ。肉は市場で販売したり、店で売る饅頭の餡《あん》にしていた。調理場には、いつも剥ぎ取った人間の生皮や干し肉にした手足が何本も天井からぶら下がっていた。

また、梁山泊がある湖の畔には、美味しい料理を食べさせるので有名な茶屋があった。この店の経営者である朱貴《しゅき》もまた梁山泊のメンバーであり、茶屋は梁山泊に出入りする人々を見張る場所。梁山泊入りを希望する者は、まずここで朱貴が人物観察をするのだが、使いモノにならないと判断されたり、スパイだと疑われると殺される。そして、殺した後に死体は解体して、やはり人肉饅頭などにされて客に出された。朱貴の諜報活動は、食材確保の目的も兼ねていたのだ。また、この他にも人を殺して食材にしてしまう居酒屋や旅籠がよく登場する。

人肉を食べることにもリアリティがあった時代

『水滸伝』はフィクションなのだが、しかし、物語にはある程度のリアリティが必要だ。この物語の舞台となっている宋代末期の中国では、悪政や相次ぐ戦乱により食料も不足していた。『水滸伝』の頃よりも、時代はやや後になるが、南宋の首都・臨安《りんあん》には人肉市場や人肉料理を出す店も実在していたといわれている。

この時代に荘綽《そうしゃく》という人物が記した『鶏肋編《けいろくへん》』によれば、子供の肉は骨も柔らかく、骨ごと煮込むと美味なのだとか。また、女の肉は羊よりも美味いとある。

さらに『水滸伝』が書かれた明代には、人の股の肉が滋養満点の漢方薬としてもてはやされた。罪人が処刑されると、その肉を見物人が奪い合ったこともあったという。

そんな時代だけに、宋江たちが催した人肉バーベキュー大会や、張青夫婦が経営していた人肉居酒屋の話なども、

「ありそうだな……」

と、読者にはリアリティを感じさせたのだろう。

とても虚構とは思えない人肉バーベキューの描写

六

各地で行われた人肉解体ショー

文化大革命期の驚愕の人肉鍋パーティー

文化大革命では何万人といわれる罪なき人々が、糾弾を受けて虐殺された。広西省でも同様に多くの人々が殺されたが、当時の劣悪な食糧事情もあり……その死体が食べられてしまうことも多々あったという。

逃亡した民主化指導者が文革時代の闇歴史を暴露

天安門事件の民主化運動指導者として中国政府に追われ、アメリカに亡命した鄭義《ていぎ》氏は、文化大革命の時にも農村へ下放されて苦難の日々を過ごしたという。その鄭義氏による『食人宴席―抹殺された中国現代史』が一九九三年に出版（現在は絶版）されたが、そこには現代中国史の闇に隠された事件について詳しく記されている。

それは、中国でも辺境にあった広西省。当時はどこでも、知識階級や富裕階級、あるいは、ブルジョワ的だと目された人物は、裁判にかけられることもなく紅衛兵《こうえいへい》らによって吊るし上げられ、殴る蹴るのリンチを受けた。広西省だけでも、虐殺された者が九万人にものぼったという説がある。その数そのものは、他の地方と比べてさほど珍しいものではないが……。

リンチで撲殺した後に鍋で煮込んで食べられる

しかし、ここではそれがただの虐殺では終わらなかった。文化大革命の嵐で生産活動も停滞して、食料事情が悪化している背景があったからかもしれないが、リンチで殺された者たちの死体が食べられていたという。

最初は、夜中にこっそりと死体を解体して持ち出していたが、それがやがて公然と行われるようになる。

人民の敵として吊るし上げ、糾弾集会が始ま

指導者を吊し上げ、市中引き廻しをする紅衛兵。だが、それだけでは済まされずに……

ると、人肉を得ることを目的に大勢の人が集まるようになった。

一九六八年四月に、地方政府のある都市部で糾弾大会が開かれ、四人がまとめて撲殺されたことがあった。この時、会場にはすでに二つの大鍋に湯が煮えたぎっていたというから、最初から食べることが目的である。殺された者たちはすぐに解体されて鍋で煮られ、集会に参加した人々によって食べられてしまった。人肉鍋パーティー……想像しただけでも、目を背けたくなる光景である。

生きながら肉を削がれ性器を切断される

そして、人肉パーティーはやがてより残酷にショーアップされてゆく。せめて楽に殺してから食べればいいものを、生きたまま肉を削ぎ殺す。古代の凌遅刑そのものだ。苦痛に苦しむ者の姿を見て、楽しもうというのだろうか？　たとえば、ある農村で開かれた糾弾大会で殺された男性は、棍棒で頭を殴られ意識朦朧とした状態で、裸にされて解体されようとしていた。男はすぐに正気に戻って必死に抵抗するが、大勢に取り押さえられ身動きができない。人々は刃物を手に男の肉を切り取ろうとする。性器にも手が伸びてきた。

「お願いだから、そこだけは私が絶命するまで待ってくれ。死んでから切り取ればいいだろう！」

必死で哀願するが、聞き入れてはもらえない。性器は生きたまま切除された。さらに、よってたかってあちこちの肉が削がれ、太腿の肉などは残らず削ぎ取られた。男は苦痛に絶叫をあげるが、なかなか死ぬことができない。腹を切り裂かれて内臓を抜かれたところで、やっと絶命することができたという。

そのうち人肉パーティーの演出は、さらに

沸騰する鍋に具材として「人肉」を入れるなど、正気の沙汰ではない

凝った残虐なものになってゆく。胸のところを刃物で大きく切り開いて、下腹のあたりを力いっぱい踏みつける。すると、肝臓と心臓がポンと飛び出してくるというのだ。まるで、魚の活き造りをつくるような感覚か。

「人民の敵」となった人物には情けはいらないというのが当時の考え方。人民の敵には非情に徹して、より残酷に殺すことが愛国者としての評価を高めたのかもしれない。

　また、糾弾大会で殺される者に情けをかければ自分にも災いが及ぶ危険性もあった。たとえ妻や夫、親や兄弟が殺されて食べられても、それを嘆き悲しむことは許されない。家族である前に人民の敵なのだ。敵に同情すればその同類とみなされ、今度は自分が殺されて食べられることになる。

魚の活き造りのように人体を切り刻む群衆

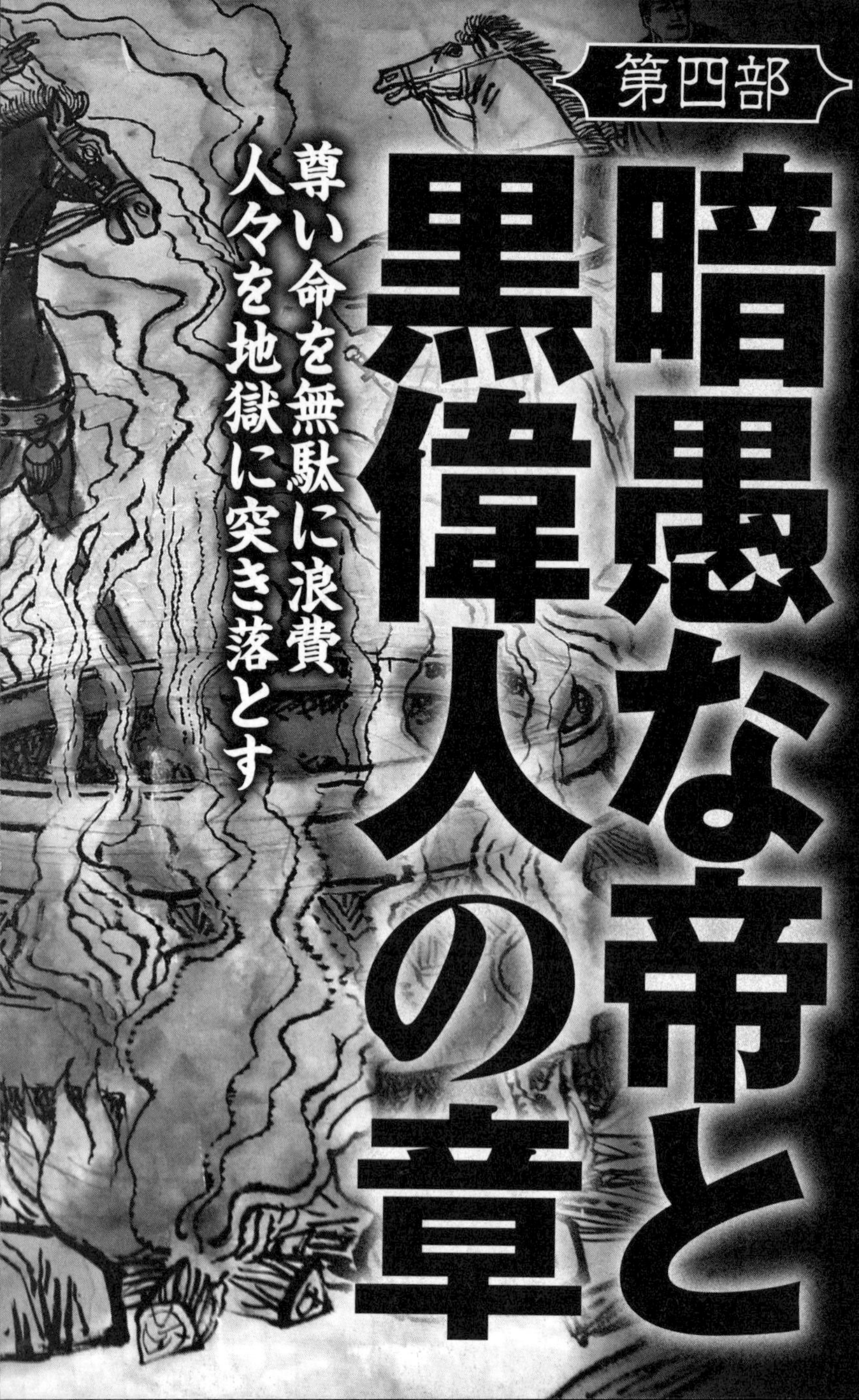

第四部

暗愚な帝と黒偉人の章

尊い命を無駄に浪費
人々を地獄に突き落とす

統治する人物が悪逆であれば、統治される人民たちは地獄の苦しみを味わうことになる。殷や秦、随の時代に皇帝の座についた人物の中には、とても名君といえない者も多い。人命軽視や大虐殺などを行い、後世にも悪名を轟かせる暗愚な帝や黒い偉人たちの負の歴史を告発する。

一 永楽帝

中国全土が絶望した暗黒治世

明の永楽帝には、甥である第二代皇帝を弑逆して帝位を簒奪した後ろ暗い過去がある。このため自分にも同じ末路が待っているでは……と、猜疑心が強くなり、疑わしい人物とみれば容赦なく残酷に殺した。

若い頃は戦上手で英雄ともてはやされた

殷の紂王や秦の始皇帝とならんで、その残忍さではひけをとらないのが明の永楽帝《えいらくてい》。朱棣《しゅてい》を名乗っていた若い頃から、軍事的才能を開花させて敵対勢力を次々に討伐。英雄として人々から尊敬された。父である初代の洪武帝が崩御した時にも、朱棣の帝位を望む声も多かったという。しかし、若死した兄の子が第二代・建文帝《けんぶんてい》となる。

帝位継承争いに敗れた敗者は、粛清の危険がつきまとう。とくに朱棣のように武勇に優れた者は、なおさら危険視され命を狙われる。実際、皇帝の側近たちは朱棣を粛清する機会をうかがっていたが、彼の行動はそれよりも素早かった。生まれながらに、猜疑心が強く粗暴でもあった。この時はそれが吉と出たようで、皇帝の側近が動く前に叛乱を起こしたのである。

朱棣は配下の実戦経験豊富な部隊を率いて、疾風のごとく進撃。当時の首都だった南京を陥

悪魔のように残忍な絶対権力者

落させ、建文帝を自害へと追いやった。敵対していた群臣たちも皆殺しにして、第三代永楽帝となるのだが、帝位を簒奪した罪悪感に生涯苛まれ続けたという。その歴史を封印しようと躍起になり、自分に批判的な者は情け容赦なく処刑した。

また、建文帝と同じように自分も叛乱で殺されるかもしれない――そんな不安があったのか、怪しいと思った人物はすぐに抹殺。罪悪感と猜疑心により、悪魔のように残忍な男になっていた。

それが絶対権力者の皇帝だっただけに、その二〇年余りの治世では、中国全土が絶望と恐怖に支配された。

自らの後ろ暗い過去を消すため、多くの尊い命が犠牲となってしまった

八〇〇人の親類縁者を次々斬首して屈服を強要する

永楽帝は南京を制圧すると、その支配に異を唱える者はすべ

北京市にある永楽帝の陵墓。多くの恨みを抱えたまま、安らかに眠れているのか？

て殺した。しかし、殺すに殺せない者もいた。それは当時、高名な学者として知られた人物だ。儒学者だけに帝位簒奪《さんだつ》は絶対悪として認めない。だが、これを殺してしまってはイメージがあまりに悪い。後世の歴史にも何を書かれるか分からない。そこで監獄に入れて、劣悪な環境に音を上げて恭順するのを待った。だが、なかなか強情な男で、容易に屈してこない。そこで永楽帝はその妻や子、一族の者までことごとく捕らえて刑場へ引き出した。その数は八〇〇人以上にもなったという。そして学者も刑場に引き出され、
「従わなければ、お前の一族をすべて処刑して根絶やしにする

ぞ」

　そう脅した。そして、その言葉通りにまず妻を斬首、続いて子供たちが次々に首を刎ねられる。それでも学者は、首を縦に振らない。そのため親族も、どんどん斬首されて、遂にすべての者が殺された。それでも屈しない儒学者に、とうとう永楽帝もキレた。最期は車裂きの極刑に処してバラバラにして殺したという。

宦官が握る秘密警察は残忍な拷問が大好き

　永楽帝の治世では、反逆する者を探し出すために密告が奨励され、膨大な国家予算を使って秘密警察が組織されていた。

　しかし、これらの情報を分析して判断するのに人材がいない。学者や科挙（役人試験）合格者は儒教道徳の信奉者だけに、簒奪者という後ろ暗い経歴をもつ永楽帝とは相容れない。このため優秀な人材は遠ざけられ、欲深なゴマスリの宦官《かんがん》たちが側近となり権勢をふるう。こういった輩はまともに情報分析はできないが、残酷な拷問や処刑を考案する悪魔的なアイデアだけは湯水のごとく湧くようで……多くの罪なき人々が、密告などにより拷問を受けて処刑された。

　秘密警察もまた宦官により運営されていたという。なかには、残酷な拷問や処刑を趣味とする者もいた。職人芸のような拷問の技を駆使して、生皮を剥ぎ、体中の骨を折って自白を強要する。自白しなければ、そのまま責め殺されてしまう。

　だが、苦しみに耐え切れずに自白すれば、残酷な方法による処刑が待っている。どちらにしても、秘密警察に捕まった時点で生き残れる可能性は低かった。昔の中国でも最も残酷な極刑といわれた凌遅刑も、この頃になると執行回数が激増したという。

二 劉邦

韓信、彭越、鯨布たちの無惨な死

強敵の項羽を打ち破り、中国を統一した劉邦。その陰には韓信をはじめとする将軍たちの活躍があった。しかし、戦いが終わった後に彼らのことが邪魔になり、次々に邪悪な罠にかけて殺してしまった。

報奨を出し惜しみ 功労者の抹殺を計画

漢王朝を開いた劉邦《りゅうほう》の出自は貴族や官僚ではなく、田舎の侠客。それが子分を率い乱世に雄飛し、漢王朝の礎を築いて一代の英雄となった。その経歴からして肝が据わって豪快な人物といった印象があるが、実はその真逆で、意外と欲深。小心者で猜疑心も強かったといわれる。

劉邦が精強を誇った項羽《こうう》を破って天下を獲ったのも、韓信《かんしん》や鯨布《げいふ》、彭越《ほうえつ》といった優れた将軍たちの存在があればこそ。劉邦も彼らのおかげで幾度も窮地を救われた。建国の功労者であり、それ相応の報奨が与えられるのは当然。韓信らの側でもそう思って期待していたようで、当然の権利として広大な領地を要求していた。もしも、劉邦が気前のいい主君であれば、彼らの活躍を正当に評価して報いたはずである。

しかし、劉邦はそれをしなかった。もはや戦いは終わっており、彼らの武勇は必要として

建国の英雄も用が済めば惨殺

はいない。

また、この戦上手な男たちに、大軍を養うに充分な領土を与えてしまっては、いつ叛乱を起こされるかわからず不安もあったのだろう。中央集権による強力な国家づくりをめざす漢王朝にとっては、むしろ邪魔な存在でもある。そこで、

「いっそ殺してしまうか」

となる。

劉邦は情の欠片もない仕打ちによって多くの功臣の命を奪った

安心させておいてからじわじわと追い込む

まず標的となったのは韓信。「国士無双」と評価も高い名将で、人望もそれなりにある。敵にまわすと一番やっかいな男である。また、カンも鋭そうなので、殺すにしても緻密な策を弄する必要があった。そこでまず、彼の要求を聞き入れて広大な領地を与えて安心させておく。そして、劉邦は頃合いを見計らっ

て韓信のもとを訪ねた。韓信は主君を出迎えに城を出て来たが、戦でもないのでわずかな家来しか連れていない。そこを捕らえて都に連行し、自らの監視下に置いたのである。

古くからの友人も裏切りに加担していた

当然、韓信は怒り心頭である。未来の展望もひらけない軟禁状態の生活で、韓信の心は荒んでゆく。酒にも溺れた。

そして叛乱を計画。このままでは、いずれ抹殺されてしまうという危機感から、一か八かの賭けに出たものと思われる。

しかし、劉邦の側でもこれを待っていた。常に間諜が見張っていたのだろう。叛乱計画はすぐに露見した。

これで殺す理由ができた。宰相の蕭何《しょうか》は「参内するように」と、韓信を宮中におびき出す。蕭何は韓信の古くからの友人でもあったので、疑いもなく出向いたのだが……漢王朝の安定だけを願う蕭何は、冷徹に親友を罠にはめて殺した。宮殿に入った韓信は即座に殺されたというから、理由も解らずいきなり斬られたのかもしれない。

また、韓信の妻子や父母、兄弟も処刑されて根絶やしにされた。建国の英雄は、なに一つ報われることなく、非情にも切り捨てられた。

死体は塩漬けにされ肉は諸侯に分配

また、残る鯨布や彭越も同じ運命を辿る。

彭越も謀反の嫌疑をかけられて処刑され、また、一族も残らず殺された。

彭越の死体は切り刻まれて、酒を混ぜ込んだ大量の塩に数カ月漬けられた。殷の時代からあった「醢《ひしお》」と呼ばれる人肉の保存法である。彭越の塩漬け肉は各地の王族や諸侯のもとに送られたという。憎い敵の肉を食らうというのは最高の復讐であり、食われた方からすれば最大の屈辱である。

『通俗漢楚軍談』に描かれた劉邦と韓信（国立国会図書館蔵）。功臣たちはことごとく切り捨てられて、一族もろとも根絶やしにされてしまうという悲哀を味わった

彭越の塩漬け肉は、鯨布のもとにも送られてきた。その非情なやり方に怒り、次は我が身も危ないと感じた鯨布は叛乱を起こして漢軍と戦った。叛乱は大規模なものとなり、皇帝の劉邦までが出陣して直接指揮をとる事態に発展。この時、劉邦も矢傷を受けている。しかし、最終的には叛乱も鎮圧され、鯨布も逃亡中に殺されてしまう。

問題の人物をすべて始末して、これで劉邦も安心したのだが……それもつかの間、この時の矢傷がもとで、その後すぐに劉邦も亡くなってしまう。

裏切りの連続で建国の英雄たちはすべて死んでしまったのである。

三

洪武帝

一万五千人を処刑した明の開祖

明を建国した洪武帝は、中国史上でも有数の暴君。貧農の子に生まれて数々の苦難を味わった。そんな暮らしで培われたコンプレックスと猜疑心が、明の宮廷に恐怖と殺戮の嵐を巻き起こしたのである。

不幸な生い立ちにより猜疑心のモンスターに

一三六八年、モンゴル族の元王朝を北に追いやり、漢民族による統一王朝の明が建国された。その初代皇帝である洪武帝《こうぶてい》は貧農の家に生まれ、家族も飢饉で餓死するという苦難を経験している。そこから皇帝の地位に昇り詰めるまでには、幾多の苦難があったはず。しかし、苦労と努力が人格者を育むというのは幻想なのかもしれない。洪武帝の場合は、その過酷な体験により冷酷で猜疑心の強い人物に育ってしまったようだ。

まず最初にやったのが「僧」や「禿《はげ》」という漢字の抹殺。洪武帝は貧困に苦しんだ不遇の時代に、僧の姿で流浪して物乞いをしたことがある。また、頭髪も薄かったのだろう。自分の出自や容姿にかなりのコンプレックスをもっていたことは間違いない。これらの言葉を使うのは、皇帝に対する侮辱であるとして、容赦なく捕らえて処刑した。後に禁句とされた漢字はさらに増えてゆき、公文書を作成するにも不都合が生じるようになったという。

疑わしい者はすぐ粛清 何万人もの人々が殺された

また、晩年になると持ち前の猜疑心がますます強くなる。叛乱を警戒して、明王朝の創建に尽力してきた功臣たちを次々に粛清した。たとえば丞相の胡惟《こい》庸《よう》も、モンゴルや日本と結託して叛乱を画策したとされて捕縛されるが、その証拠となるものは乏しく真偽も怪しい。だが、釈明する機会も与えられず即座に処刑されている。さらに、その一族や謀議に加担したと疑われた者たちも、次々に捕らえられて処刑された。その数は一万五千人にものぼる。

少しでも謀反の疑いがあれば、本人も一族も残らず捕らえられて処刑される。証拠など必要ない。洪武帝がそう思えば、容赦なく処分されてしまうのだ。そんな例は数え切れない。明の宮廷では、いつ自分も疑われて粛清されるやも知れず、家臣たちは生きた心地がしなかっただろう。毎日が死と隣合わせといった感じだった。

洪武帝は死の間際まで臣下を殺害。大粛清を断行した

暴政の原因は強烈なコンプレックスか？

四

項羽

その性格は凶暴かつ無慈悲

始皇帝の死後、漢の高祖・劉邦と天下を争って戦った項羽。当時は実力も名声も劉邦を上回っていた項羽だが、残忍で冷酷な性格が部下からも恐れられていた。天下獲りレースに敗れたのも、それが原因だったのか？

武将の家に生まれた残酷で非情な貴公子

庶民の育ちでビジュアルも地味だった劉邦と比べて、項羽《こうう》は代々が楚《そ》（春秋戦国時代の強国のひとつ）の将軍という家柄。武人としての資質にも恵まれ、身長二メートル以上の巨体と怪力の持ち主だったという。

しかし、戦国の世を戦いに明け暮れてきた一族の血ゆえか、かなり非情でもある。また、庶民の命など虫けら同然に考えてもいたようだ。このため、気分次第で平然と人を殺す。持ち前の怪力で、近習の者を絞め殺したり斬り殺すこともよくあった。また、従わない者たちは、いちいち説得して味方につけるなどというのは面倒臭い。「殺してしまったほうが簡単」と、思考もかなり短絡的ではある。

始皇帝の死後、項羽が秦と戦うために挙兵すると、多くの勢力が追従して大軍になった。形勢不利となり、もはや抵抗は無意味と悟った秦の将軍・章邯《しょうかん》は降伏を申し入れてきたのだが、降伏してきた章邯の兵力は二〇万人。項羽の軍勢よりも多

20万人の捕虜をまとめて大量虐殺

く、この大軍を捕虜にして後方に移送するのは、手間がかかりすぎる。抵抗されてはさらに厄介。そこで、

「まとめて始末するか」

項羽は躊躇することなく、捕虜を皆殺しすることにした。最初は油断させて降伏を認めておいて、「捕虜を移動させる」と偽り、昼夜歩かせる。そして捕虜たちの疲労が極限に達したところで野営した。野営地の間近には、断崖絶壁が延々と続いている。

ここで捕虜たちは疲れ果て深い眠りにつくのだが、項羽の軍勢がその寝込みを襲ってきた。三方から野営地を包囲して攻め立て、慌てた捕虜たちは唯一、敵勢のいない方向へ我先に逃走するのだが……そこは断崖絶壁。二〇万にもなる捕虜たちは、ほとんどが転落して即死した。死体の上にも次々に死体が落ちてきて、最初のうちに転落した者はすでに死体の山に埋もれ、その中でミンチのような状態になっている。

勝手に逃げて崖下に転落してくれれば、項羽の軍勢は犠牲者を出すこともない。また、弓矢など軍需品の消耗も少なくてすむ。非情な計算に基づいて、最も手間とコストをかけずに大量の捕虜を皆殺しにした。

劉邦に敗れてしまったのは、やはりその無慈悲で残酷な性格が災いしてしまったのか？

五

商鞅

過酷な刑罰と厳しすぎる法律

厳しい法律を制定して、それに背く者は容赦なく処罰して極刑に処した。その徹底した法治主義により秦を最強国に育て上げた商鞅だが、人々の恨みを買いすぎて……やがては、自ら制定した法で残酷に処刑されてしまう。

冷酷な法律至上主義で恐怖の帝国を築く

中国最初の統一王朝である秦は、厳しい法律により人々を支配して統治を安定させた。法を破った者は、過酷な刑罰に処せられた。また、処刑方法も犯罪の抑止を狙ってかなり残酷な殺し方が採用されている。

これらの法律を整備して、法治主義による国家運営の礎を築いたのが商鞅《しょうおう》という人物。冷徹な法家の学者であり、始皇帝がまだ若かった頃から秦に招かれて法整備に尽力している。

しかし、そのやり方はかなり強引で冷酷。人々の恨みを買っていた。始皇帝のもと強力な中央集権をつくるために貴族の領地を没収し、少しでも反抗的な態度をみせれば貴族の地位も剥奪する。商鞅のために没落して朽ち果てていった貴族も多い。また、密告を奨励して人々を互いに監視させ、疑いのある者は容赦なく処罰された。

自分が考案した極刑で我が身を引き裂かれる

恐怖政治で人々を抑圧した商

恐怖政治で恨まれ死後も凌辱される

恨みを買いすぎて、商鞅は死後に遺体まで蹂躙されるという憂き目に遭った

鞅は、人々に憎まれた。このため後ろ盾となっていた始皇帝が死去すると、これまで抑えられていた貴族たちが反攻に出た。多くの者たちが商鞅を処罰するように要求。身の危険を感じた商鞅は、秦から他国へ脱出しようとする。

一時は隣国の魏まで逃げたが、商鞅は秦に仕える以前には魏の王宮で働いたこともあった。そしてここでも厳しい法律を制定するなどしていたため、人々の恨みを買っていたようだ。このため魏でも身が危うくなり、ついには追放。再び秦に潜伏したところを殺害される。

しかし、商鞅の悲劇はこれだけでは終わらない。死骸は見せしめのために車裂きの刑に処せられることになった。牛や馬を使って罪人の手足を四方に引っ張り、バラバラに引き千切ってしまうという恐ろしい刑罰。これもまた商鞅が、国家反逆罪などの重罪人に対する極刑として採用したもの。自分の制定した刑罰により死骸をバラバラに損壊され、晒しものにされて、集まった見物の群衆に嘲笑されたという。

六 煬帝

欲望の赴くまま暗黒治世を推進

人格者として知られた隋の初代皇帝・文帝の跡を継いだ煬帝は、父とは似ても似つかぬ冷酷な暴君だった。その圧政により苦しめられた人々が各地で叛乱を起こし、隋王朝はわずか二代で滅びてしまう。

地上の楽園がこの世の地獄に変貌

隋《ずい》王朝を開いた文帝《ぶんてい》は、情緒の安定した人格者だったといえう。過去の歴代王朝では最も穏健だった周《しゅう》王朝を理想として、乱世の残忍で荒々しい風潮と決別するべく様々な改革を行っている。また、仏教の良き理解者で慈愛の精神も解する人物だけに、領民にも優しい名君であった。

文帝がめざした国づくりがそのまま推進されたのなら、人々にとって理想の楽園が築かれたはずなのだが……その跡を継いだ男が、とんでもない。第二代皇帝・煬帝《ようだい》は、文帝の遺伝子を受け継いだとは思えない残忍な暴君。そもそも彼が皇帝に即位できたのも、兄の皇太子を讒言で陥れて廃位に追い込んだものである。また、煬帝は父である文帝が寵愛する妃に惚れて、それが発覚してせっかく手にした皇太子の位を奪われそうになった。このため先手を打って文帝を暗殺して帝位についたという

人命と国費を浪費した悪名高き所業

文帝の善政を引き継ぐどころか、暗黒の治世を行った煬帝

噂もある。自分の欲望のためなら、兄や父を平気で陥れて殺す。肉親に対してもこうなのだから、家臣や民衆などは虫けらも同然。地上の楽園になるはずの隋は、煬帝の即位によってこの世の地獄へと変貌する。

派手な生活を好まない文帝の生活は質素で、そのため宮廷費用も抑えられて国家財政も安定していた。しかし、煬帝は欲望の赴くままに贅沢三昧を楽しんだ。財政の悪化を心配する家臣の意見にも聞く耳もたず、人々の反発を抑えこむために法も厳しく改めた。文帝の治世では、過去の王朝が採用していた残酷な刑罰をすべて廃止していたのだが、煬帝によりそれらが再び復活。車裂きや手足を切断する極刑が復活したのもこの時。処刑された死体は首を切断して、市場などに晒した。

復活させた残酷な刑で家臣を統率

煬帝はまた、家臣の統制にも恐怖を利用した。自分に逆らった者は、残酷な処刑方法で見るも無残な死体となる。煬帝の即位に尽力して一番の功臣といわれた楊玄感《ようげんかん》も例外ではない。謀反の企てが発覚した時には、首謀者の楊はもちろんのこと、その祖父や父をはじめかなり遠縁の者まで血族や親類がすべて処刑された。家臣たちを集めて、処刑した後の死骸から肉を削ぎ取らせ、それを食べるよう命じたりもしている。絶対権力者の常道を逸した蛮行ほど、家臣にとって恐ろしいものはない。いつ自分が犠牲になるやも知れず、もはや煬帝に逆らえる者は誰もいなくなった。

イエスマンばかりの宮中で、煬帝はさらに傍若無人になってゆく。民の苦しみなど顧みず、かつて秦の始皇帝がやったように壮大な事業を推進して、自分の名を歴史に刻もうとした。それが、黄河流域と長江流域を連結して国土の一体化を図る大運河の建設である。

運河建設は経済効果が見込める事業で、万里の長城のような無用の長物ではない。

過酷な運河開削事業で労働者の半数以上が死亡した

しかし、この工事に動員された一〇〇万人といわれる人々には、悲劇である。労役は過酷で危険なもの。工事に従事した民衆の死亡率が五～六割にもなったというから、かなり無茶な突貫工事が行われたのだろう。労働力の消耗が激しく、最後には女性や子供までが動員され、劣悪な環境でこき使われたという。また、朝鮮半島の高句麗《こうくり》への遠征も行われ、ここでも膨大な国費と人命が消耗された。

いくら恐怖政治で抑圧して

膨大な犠牲を払って煬帝は運河をつくったが、はたしてそれは、民のためになったのか？

も、これだけ悪政が続けば、叛乱の火の手は各地であがる。ついには首都・長安も危険な状況となり、煬帝は長安から脱出して南方の揚州へ避難した。しかし、ここで彼を警護するべき近衛兵たちも叛乱を起こす。残忍な暴君に愛想が尽きていたのだろう。反乱軍は宮中へ押し入り、煬帝を捕らえて処刑した。煬帝は殺される前に市中を引き廻される屈辱を味わった後に絞首刑にされている。

身から出た錆とはいえ、中国全土を統治した皇帝としては、あまりに哀れな最期だった。

七

紂王

焼け死ぬ人間を見て大爆笑

淫蕩と贅沢三昧の日々で、国を滅ぼした紂王。ダメな王様の典型ではあるが、ひとつだけ才能を発揮した分野がある。人を苦しめて殺す方法を考えることにかけては、悪魔のようなアイデアが次々に生まれたという。

最低最悪の暴君は「処刑」が趣味だった

中国古代王朝の殷《いん》は、紂王《ちゅうおう》の暴政により国力を衰退させて滅びたとされる。「酒池肉林」の故事でも知られる淫蕩な生活ぶりでも知られる王だが、また、かなり残酷な性格でもあったようだ。陰惨な処刑を鑑賞するのも、この男の趣味だった。

政治にはまったく関心をしめさない紂王だったが、この方面では研究熱心な趣味人。残酷な刑罰を考案する才能だけは天才的である。人を徹底的に苦しめて恐怖させる処刑方法をあれこれ考え、それを実行した。

紂王は好みの愛妾・妲己《だっき》をいつもはべらせていたが、この女も残酷な性格の悪女。相性も抜群だった。二人はいつも一緒に残虐な処刑を眺めて楽しむ。人が苦しんで死ぬ様を眺めてエクスタシーを感じ、それに刺激されて夜の愛欲も盛り上がったという。

残酷な王が好んだ最も猟奇な処刑方法

そんな紂王が最も好んだ処刑

愛妾とともに残虐な宴に耽溺する

方法に炮烙《ほうらく》の刑があった。彼らが好むものだけに、かなり残酷な刑であることは間違いない。だが、この処刑方法については二つの説がある。

ひとつは、火の海の上に大きな銅製の丸太を通し、これに大量の油を塗って滑りやすくしておいて、罪人を裸足で渡らせるというもの。落ちたら焼け死ぬことは確実、必死の形相で丸太を渡ろうとするが、時間が経つと銅は猛烈に熱くなる。ほとんどの者が、熱さに耐え切れず炎の中に落ちていったという。

また、もうひとつの説は、銅製の円柱に罪人を縛り付けておいてから、その円柱をじわじわと熱してゆく。やがて円柱は熱せられて罪人を焼き殺してしまうというものだ。

どちらにしても、苦しくて恐ろしい処刑方法であることに変わりはない。罪人が苦しみ絶叫すれば、紂王と妲己は笑い転げて喜んだという。

また、この炮烙の刑で殺された者のなかには、紂王の逆鱗に触れた高官も多い。放蕩を諫めた忠臣も、迷うことなくこの刑に処した。恐怖に怯えた家臣は押し黙り、やがて国は乱れ殷は滅亡への道をひた走った。

炮烙の刑を眺める紂王の図

八

始皇帝

虚栄心の犠牲となった多くの命

広大な中国を力で統一した始皇帝は、強大な権力を握った。その力を費やして、人類史上最大級の建造物である万里の長城を完成させたが、その建設工事では幾多の悲劇を生んでいる。

自己顕示欲が恐ろしい悲劇を生む

宇宙から地球を見た時に、宇宙飛行士が唯一肉眼で視認できるのが万里の長城だという。その総延長は六〇〇〇キロ以上にもなり、それは日本列島を二つ並べたのに相当するほどの長さになるという。この途方もなく遠大な建造物は、古代王朝の殷の時代に築かれた古い城壁や、春秋戦国時代の燕、趙《ちょう》などの北方の国家がそれぞれに築いていた長城を、統一国家の秦が補強して繋げたものだ。

中国の北方には匈奴などの異民族が居住しており、収穫期になると漢民族の土地に南下してきては略奪を繰り返していた。長城の建設は、この異民族の侵入を防いで人々の平穏な生活を取り戻すという理由があった。しかし、それは表向きのもの。長城の防備は場所によってはかなり脆弱で、高さも二メートル程度の箇所が多々あった。機敏な遊牧系民族であれば、軽く乗り越えてしまう。結局、防御の

屍の上に築き上げた無用の長物

役には立たなかった。これを建設した秦もまた、その結果は解っていたようだが……この巨大建造物が築かれたのも、初の統一王朝を築き皇帝となった始《し》皇帝《こうてい》の自己顕示欲によるところが大きい。

だが、一人の男の自己顕示欲のために、払われた犠牲はあまりに大きかった。長城の建設には何万人もの庶民が動員された。東は渤海《ぼっかい》湾に面した山海関《さんかいかん》、西はシルクロードに至る嘉峪関《かよくかん》まで、人々は故郷を遠く離れた地域に送られた。最初は、罪人たちが労働力として使われたという。罪人とはいえ、現代の法律ならば、執行猶予付き判決で済みそうな些細な罪状の者も多かった。異

万里の長城を築いた始皇帝。虚栄心を満たす以外に意味はあったのか？

民族と境を接する辺境の地は、敵襲の危険も多分にある。その危険な土地で、逃亡を防止するため手枷足枷を付けられて働かされる。もし異民族が攻めてくれば、逃げ遅れて殺されることは確実。防御の要となる長城を完成させるまでは、命は常に危険にさらされた。

城を完成させなければ自分たちの命が危ない

また、秦は異民族との戦いで制圧した地に、長城を延長して建設をつづけた。このため罪人だけでは必要とする労働力を得ることができない。そのため、数十万にもなる貧困層が強制的に移住させられ、長城の延長工事に従事させられた。自分たちが食べる食料はほとんど自給せねばならず、荒地の開墾だけで四苦八苦。それに長城建設の労役まで課せられては、酷使されて死んでしまう者も次々に出てくる。

しかし、開墾も長城建設もやめることはできない。この恐ろしい土地に強制移住させられた者たちは、自らを守るために荒れ地を耕し、城を築かねばならない。支配者は黙っていても、開拓は進み城は築かれ秦の版図は広がる。冷酷ではあるが、よくできたシステムだ。

かくて数百万人の尊い命は無駄に消費さた

また、それまで黄河流域などの先進地域で生きてきた者にとっては、辺境の地の厳しい自然も過酷だった。昼間は灼熱の地獄、夜は氷点下の極寒。飲水も乏しく、水質も劣悪だ。このため感染症も蔓延するが、もともと民衆は長城建設の人柱としか考えていない秦政府は、こういった対策をほとんど講じることなく、人々を酷使する。この

人々の命という名の犠牲の上に築かれた無用の長物が万里の長城だ

ため工事現場では連日のように大量の事故死や病死者が出たが、何百何千という死体は文字通り人柱……城壁の穴に投げ込まれて埋められてしまう。また、あまりに酷い労働環境に不満を唱えたり、反抗的な態度をとる者も即座に斬り殺されて埋められた。なかには、生きたまま埋められた者もいたという。

　こうして完成した万里の長城だが、予想通りまったく国土の防衛装置としては機能しない。後世、モンゴル族や女真《じょしん》族などは、いともたやすくこの城壁を乗り越えて中国を制圧している。数百万人といわれる名もなき人々の犠牲は、まったく無駄なものとなってしまった。

九

科挙

出世のためには不可避な試験

中国の歴代王朝では「科挙」と呼ばれる試験制度で、官僚を選抜してきた。しかし、それは世界一過酷で狭き門。何十年も猛勉強と挫折の苦しみを味わうこととなる。

競争率は数千倍……世界一過酷な科挙試験

現代社会でも受験戦争は厳しいが、古代中国におけるそれはさらに過酷。「地獄」という言葉がピッタリなほどに辛いもので、死者が出ることも多々あったという。

中国では隋の頃から「科挙《かきょ》」と呼ばれる試験制度があり、これが後の歴代王朝でも採用されてきた。

中央政府や地方政府の官僚をめざす者は、この試験に合格して「進士《しんし》」の資格を得ねばならない。

科挙の試験はまず地方における「県試《けんし》」「府試《ふし》」などの予備試験を受けて、そこで足切りが行われる。10万人にものぼる受験生は一〇〇〇～二〇〇〇人に絞りこまれ、さらに「郷試《きょうし》」により三〇〇人ほどに絞り込まれる。この郷試に合格した者は「挙人《こじん》」と呼ばれて、尊敬される対象となるが……官僚に採用してもらうためには、またさらに「会試《かいし》」と呼ばれる試験でふるいにかけられ、皇帝が自ら出題する最終試験を受けてやっと進士になれるのだ。

死者も出る苛酷すぎる役人試験

宋代の科挙試験の模様。この絵では帝との最終面接が描かれているが、ここまで辿りつく前に悶死する者もいた

試験は三年ごとに実施され、合格者の平均年齢は三〇代後半。二〇年くらいは受験勉強していることになる。五〇年間、人生のすべてを科挙試験に賭けて、猛勉強の途中に老衰死した者も珍しくない。

受験者は裕福な家庭に育った恵まれた境遇の者に限られるが、一族の期待を一心に担い、かなりの投資もさせているだけに……どんなに苦しくても、受験を断念することはできない。世界でも最も過酷な試験制度と呼ばれるゆえんもここにある。

過酷さに耐えられず試験中に悶死する者も

試験に失敗する都度に、一族の期待は耐え難い重圧となり身にのしかかる。遊ぶことは許されず勉強漬けの人生。試験会場も異様である。受験生は独房のような狭い部屋に鍵をかけて監禁され、ここで三日三晩かけて超難問に取り組む。

実際、重圧に耐え切れなくなり、試験途中に精神を病んでしまったり、そのまま死亡する者もかなりの数いたという。

美談どころか残酷逸話の宝庫

第五部

三国志の章

魏・呉・蜀の三つの国が鼎立《ていりつ》していた時代は日本でも広く『三国志』が愛読され、美談の宝庫だった時代のように錯覚されがちである。

だが、三つの国が争っていた時代ということは、それだけ争乱が多かったことの証。数々のおぞましき虐殺や殺戮なども行われている。

一

伝染病に苦しみ最期は焼き殺される

赤壁の戦いで下された

非情すぎる皆殺し作戦!!

圧倒的な兵力を誇る曹操の軍団が南下、揚子江の赤壁に陣を張った。この時、劉備・孫権連合軍は、非情なる皆殺し作戦を発令。焼き殺し、溺死させられ、それでも生き残って陸に逃れた者も、潜んでいた伏兵たちが無慈悲に殺した。

孔明と周喩が立案した背筋も凍る壊滅戦略

二〇八年に起こった赤《せき》壁《へき》の戦いは、圧倒的な兵力を誇る曹操《そうそう》軍の南下を、劉備《りゅうび》と孫権《そんけん》の連合軍が迎え撃った天下分け目の戦い。兵力差は圧倒的で劉備・孫権連合軍の命運も風前の灯だった。

しかし、大逆転に成功して曹操軍は壊滅。曹操の中国統一の野望は挫かれた。この戦いでは諸葛孔《しょかつこう》明《めい》や周喩《しゅうゆ》の活躍が語られ、名軍師の名を決定的なものにしている。

その鮮やかな戦略は後

世でも賞賛されているのだが……実情は目を背けたくなるほど残忍で冷酷なものだった。

孔明も周喩もやはり乱世を生きる者だけに、自らの生き残りをかけて非情な皆殺し作戦を立案していた。そこには情けの欠片もない。

何十万という敵兵を焼きつくす皆殺し作戦

まず、曹操の軍勢が南下してきた当初、劉備と孫権は同盟の締結に手間取り、敵勢に緒戦の進撃を許している。だが、これが双方の軍師である孔明と周喩が、あらかじめ申し合わせた作戦とは考えられないか？　同盟締結を手間取ったのではなく、手間取ったふりをした。曹操が率いた軍団は、中国北方の乾燥地帯出身者が多い。馬術にも長けて騎馬戦は得意だった。このような軍団と平原で戦うのは不利。それとは逆に孫権の軍団には揚子江沿岸の水軍が多い。水の上での戦いならこちら

多くの血が流された赤壁の戦い跡。だが、それが計画的殺戮だったという説もある

燃え盛る船から脱出した者たちにも、さらなる過酷な現実が待ち受けていた

に分がある。まずは曹操軍の好き勝手にまかせて、揚子江の奥深くへと引き込んだほうが有利である。

また、この退避作戦には、他にも恐ろしい思惑があった。それは揚子江沿岸の高温多湿な気候に、曹操軍の兵士が慣れていないこと。当時この地域は伝染病が蔓延しており、曹操軍の兵士の多くがこれに感染した。決戦を先延ばしすればそれだけ敵の病兵は増える。また、これと同時に曹操軍の進撃ルートでは焦土作戦も行われたという。

村々を焼き払い食料をすべて奪った。このため曹操軍の食糧事情は悪化し、栄養不良で抵抗力が衰えた兵士らの間では、さらに伝染病感染者が増える。

このため、揚子江中流域の赤壁まで曹操軍が到達した時、すでに兵士たちの多くが戦える状態ではなかったともいわれている。この時、満を持して周喩が率いる水軍も赤壁の対岸に陣を張る。曹操軍はすべての船を鉄の鎖で繋いで水上要塞を築いていた。それこそ周喩らの思う壺である。東風が強く吹く日を選んで、油を大量に積載した軍船を突撃させた。船の舳先には炎が灯され、敵船団に激突すれば積載した油に一気に火がまわる。

猛火から脱出した者も待ちぶせの伏兵の餌食に

密集隊形で数珠つなぎになっている曹操の船団に、数十隻の火船が激突。強風にあおられて炎の輪が船団を取り巻いた。そのまま船内にとどまれば焼き殺されるしかない。また、決死の思いで炎の輪から脱出して揚子江に飛び込んでも、このあたりは流れも急であり、兵士たちは溺れ死ぬしかない。水に不慣れな北方の兵士を溺死させるために、この赤壁に対陣するよう仕向けたのかもしれない。そう考えると、その無慈悲ぶりはさらに際立ってくる。

なんとか船から脱出した者、陸地で陣を張っていた者たちが我先にと逃げ出す。しかし、劉備・孫権連合軍の殺戮作戦は徹底していた。陸にも伏兵が配置されている。揚子江沿岸の湿地帯の泥沼に足をとられながら必死で逃げ惑う曹操軍を、劉備の軍勢が追撃する。関《かん》羽《う》や張《ちょう》飛《ひ》といった豪傑たちにとって、命からがら逃げてきた半病人の敵兵を殺すことなど、赤子の手を捻るようなもの。もはや、戦いとはいえない虐殺である。

大将の曹操はなんとか生き延びて逃走に成功したが、軍団は完全に壊滅。この後、数年間は外征することができないほどに徹底的に殺戮された。

二

逆恨みによって虐殺された無実の人々

生物すべてを殺戮した 後ろ暗い曹操の過去

最も人材をうまく活用して最強の国を作り上げた曹操は、『三国志』の登場人物の中でも理性的で無意味な殺戮を好まない人物だったとされているが、実は怒りにまかせて大量虐殺を行った過去がある。

父と弟を殺されて孝行息子の曹操が激怒

無益な殺生を嫌ったはずの曹操なのだが、実は一度だけ、暴走する感情を抑えきれずに罪なき人々を殺戮した暗い過去がある。

西暦一九三年、徐州へ三度にわたり出兵して手当たり次第に住民を虐殺していたのだ。それは、罪なく殺された父と弟の復讐のためだったといわれている。

曹操の父である曹嵩《そうすう》は漢王室の官僚だったが、董卓《とうたく》の暴政を恐れて退官し、比較的平穏だった徐州に移り住んでいた。出世した曹操は、この父に悠々自適の余生を過ごさせるために、自分のもとに引き取ろうとした。警護のために部隊を派遣して、弟の曹徳《そうとく》を供って、多くの荷車を連ねながら自らの領地へと護送。これでやっとさんざん苦労させた父に親孝行ができると、曹操も喜んだのだが……この旅の道中、一行は何者かによって襲われ、父や弟が殺されて荷物も奪われてしまう。

怒りに駆られた曹操は、おぞましい決断を下してしまった

真犯人は不明のまま曹操は八つ当たり

後、黄巾賊《こうきんぞく》の乱が起こって中央政府の統制も緩んで地方の治安は極端に悪化。旅人が襲われることも珍しくない。ちょっとした軍隊ほどの規模もある盗賊団も多く、少数の兵などではとても守りきれるものではなかった。父を襲った盗賊団も特定できず、この怒りと恨みをどこにぶつけていいものか……と、やりきれない思いの曹操は、その罪をすべて徐州の牧である陶謙《とうけん》にひっかぶせた。曹操が建国した魏の正史である「魏書」によれば、陶謙は数千騎の兵を差し向けて曹嵩の一行を襲って皆殺しにしたという。証拠はない。曹嵩の持っていた財宝に目がくらんだというが、徐州は当時の中国でも最も裕福な地域。そこを支配する一国一城の主である陶謙が、そんな理由で兵を動かすとは思えない。

　ましてや、相手は武闘派で知られる曹操の父だけに、面倒なことになるのは分かりきっている。

逃げ惑う者ばかりか、犬、猫、豚など動物まですべて抹殺したと伝えられる

おそらく、曹操はこのやり場のない怒りをぶつける相手が欲しかったのだろう。

住民や犬、猫までが同罪として虐殺される

しかし、その八つ当たりが凄まじい。曹操はすぐさま軍勢を引き連れて徐州へ侵攻し、十の都市を攻め落とした。作戦も何もなく、とにかく目に見えた町を攻撃して、徹底的に焼き尽くしたのだ。陶謙も抵抗するが、曹操軍の攻撃に耐え切れずに逃走。曹操軍の度重なる侵攻で徐州の大半が焼け野原になったという。それまでの徐州には戦乱がなく、中原の各地から避難民が流入。このため、どこの町でも人口は急激に増えていた。

「生きているものは、みんな殺せ」

曹操は徐州にいる者は、庶民であろうが他地域からの難民であろうが、情け容赦なくすべて殺すよう命じていた。人間どころか犬や猫、豚、鶏もすべて殺戮の対象となり、曹操軍が制圧した町はあらゆる生物が殺戮されてゴーストタウンと化した。

徐州を流れる泗水《しすい》の川面には、女子供を含む何十万人の死体が漂い、それが溜まって川が堰き止められて死体で築いたダムができあがるほど。腐臭が国内に充満した。

たとえ陶謙が、曹操の父の死に何らかの関係があったにしても、庶民には無関係。それがいきなり攻めてきた曹操軍により、有無をいわせず殺戮される。なんとも理不尽。しかし、人々は抗議することもできず切り刻まれ、女たちは兵士に強姦された後に殺された。弔ってくれる者なく、そのほとんどは無残な死体を荒野に晒した。権力者の八つ当たりほど怖いものはない。

曹操の殺戮は、本拠で謀反が起こったために中止され、軍勢は急いで撤退していった。もしも、それがなければ、あるいは徐州の住民は本当に一人も残さずに虐殺されていたかもしれない。それほど曹操軍の殺戮は徹底したものだったという。

三

悪魔のような行いに人心も離れる
悪逆の所業を告発……

サディスト皇帝・孫皓

最低最悪の主君として、その悪名が後世にまで伝わる呉の第四代皇帝・孫皓。家臣を手当たり次第に殺しまくり、王宮は「恐怖の館」となってしまった。その暴政が、呉の滅亡をまねいた要因にもなったという。

些細な失態も許さず拷問にかけられた

『三国志』の登場人物の中でも、董卓とならんで一、二を争う残酷好みのサディストだったといわれるのが、呉の第四代皇帝・孫皓《そんこう》。

あまりに酷い行状のために国政が乱れて人心は離れ、それが呉の滅亡にもつながったといわれている。

それだけに、この男の暴君ぶりを物語るエピソードは数限りない。たとえば、宮中会議では群臣たちに酒を飲ませた。酒を飲めない者も、無理矢理に大量のアルコールを流し込まれる。こうして酩酊させておいてから、少しでも失態や失言があれば、顔の皮を剥がれたり眼球をくり抜かれるなど、残酷な拷問を受けたり処刑される。もはや、大切な国事について話し合うどころではない。家臣たちはなんとか平静を保とうと必死。失言して殺されぬよう、意見を言うこともはばかられた。

呉の滅亡を悟って自暴自棄になっていた!?

　また、後宮の女たちも、この暴君が現れてからは毎日が死と隣合わせの恐怖を味わった。意にそぐわない女はすぐに殺す。気分を害するようなことをしなくても、気分しだいで次々に女たちを殺害する。その殺し方も乱暴で、生きたまま川に投げ捨て溺死させた。

　国内から何千人もの美女を集めてくるのだが、孫皓が毎日のように大量虐殺をやらかすものだから、後宮はつねに女官不足の状態だったともいわれる。

　若い頃は家臣思いで聡明な主君だったといわれる孫皓だが、ある日を境にまるで人間が変わったような暴君になった。その理由は魏とのあまりの国力の差から、「どうせ、このまま滅亡するしかない」と、自暴自棄になっていたという説がある。どうせこのまま魏兵によって殺されるのならば、その前に家臣も後宮の女たちも自分の手で葬ってやろう……そんな怖ろしいことを考えていたのかもしれない。

暴君として名高い呉第四代皇帝・孫皓

四

三国志における
ナンバーワンの残虐性……
罪なき人々を虐殺した

傍若無人な最凶・董卓

『三国志』の登場人物のなかでも、最も粗暴で残酷な男として知られる董卓。この男が首都・洛陽に入城したことで乱世が始まり、世には残酷な恐怖があふれるようになったという。

董卓の洛陽入城で恐怖の日々が始まった

黄巾賊の叛乱は中国全土に波及し、また、都でも第一二代皇帝・霊帝《れいてい》が崩御したことで政治機能が麻痺していた。幼い皇帝が即位したことで、側近の宦官グループと外戚《がいせき》の何進《かしん》将軍が政治の主導権を争って対立。ついには宦官らにより何進将軍が暗殺され、これに怒った軍人グループのクーデターが勃発。幼帝は首都から逃走した。この時、董卓《とうたく》は異民族の討伐を担当する辺境の将軍に過ぎなかったが、いち早く兵を動かし、逃走中の幼帝

悪逆の限りを尽くした董卓。三国志のなかでも、最も極悪な人物とも言われている

を保護して首都・洛陽に入る。董卓の果敢な行動に「救国の英雄が現れた。これで、世に平穏が戻る」と、人々は喜んだが……この男の登場で、洛陽の都にはさらなる恐怖と混乱が巻き起こる。董卓は侠客として名を売り、将軍に出世した人物だとされている。腕力にモノをいわせて大勢の部下を従えてきた。洛陽に入ってからもそのやり方は変わらず、というか、他のやり方を知らなかった。逆らう者は有無を言わせず殺すという恐怖政治で、政治権力を掌握するのである。

逆らった者たちは宴会の残酷な見世物に

自分の残酷さを見せつけ、恐怖で人々を支配する。そのため、たびたび過激なデモンストレーションも行なっている。

相国《しょうこく》（漢王朝の最高職）となった後に、群臣を集めて宴会を催すのだが、その都度、自分に逆らった者たちを処刑して、宴

遷都に際しては、洛陽を焼き払う愚行も犯している

会のアトラクションとして見せつけた。ある時などは大勢を釜茹で刑に処して、断末魔の絶叫を聞きながら楽しそうに酒を飲み料理を食べたという。重臣たちの墓を暴き、死体の手足をバラバラに切断して晒しものにもした。また自分に逆らった者たちの一族を処刑して、死体を庭園の肥料にしたこともあった。

当時の儒教文化が浸透した社会では、死体を辱められるのは最大の恥辱であり恐怖。その重臣は董卓の元上役でもあるのだが、恩顧の人にまでそのような仕打ちをすることで、董卓の冷酷さは実証される。それがまた、「逆らえば、何をされるか分からない」という、恐怖の抑止力となるのだ。

恐怖に支配された人々は生きた心地がしない

董卓はまた、民衆を支配するにも恐怖を効果的に利用した。洛陽郊外に出かけた時、通りかかった集落では村祭りが催され、大勢の民衆が集まりにぎわっていた。この時、住民をすべて捕らえて男は全員虐殺。女は全員奴隷にして、兵士に与えたり売り飛ばしたりした。理由は、ない。ただの気まぐれである。気まぐれで殺した数百もの首を車に乗せて董卓が洛陽に戻ってきた時には、人々も生きた心地がしなかったはずだ。いつ、気まぐれで自分たちが殺されるとも限らない。

逆らえば何をされるかわからない傍若無人な独裁者。そのイメージが浸透して、もはや、董卓に逆らえる者はいない。

各地の諸将が董卓討伐の軍勢を起こし、洛陽が危うくなると、董卓は防備が強固な長安への遷都を決行する。この時も、落ち目なはずの董卓に誰も逆らえずに、朝廷の群臣や洛陽の市民は董卓に従って長安へ向かった。反董卓連合軍諸将の軍勢はすぐ近くに迫っていたのだが、これと連携して董卓と戦おうという者もいない。残酷な恐怖の日々に、もはや洛陽で暮らす人々は抵抗する気力や人間の尊厳も喪失していたのかもしれない。

最期は暗殺されて死体を市場に晒される

長安に移ってから、董卓が主催する恐怖のショーはさらに残酷度を増した。立場が危うくなってきただけに、人々の心をさらに凍りつかせ逆らう気力を失わせる必要があったのだろう。酒宴の席では、叛乱を起こした兵士たち、長安遷都に消極的だった官僚などが引き出され、次々に残酷な手法で処刑される。生きたまま舌を抜かれ、目玉をえぐり取られ、手足を切断され、苦痛にもがきながら死んでゆく。また、董卓が好きな大釜も準備され、大勢が煮殺された。それを見せつけられた群臣たちは、恐怖に凍りつき声も出せなかったという。

だが、そんな董卓も最も頼りにしていた腹心の呂布により、あっさり暗殺されてあっけない最期を遂げる。虐められ恐怖で縛られてきた人々の復讐心は凄まじく、董卓の一族は残らず処刑され、呂布に殺された董卓の死体と一緒に市場に晒しものにされた。兵士たちが面白がって、董卓のヘソに灯心を挿入して火をつけた。肥え太った腹の脂肪を燃料にした「人間灯明」としたのだが、これが何日も尽きることなく燃え続けたという。

五

裏切りの末に辿り着いた断末魔の苦しみ

受けた情けが仇となった

豪傑・呂布の最期

『三国志』の最強キャラの一人である呂布だが、その性格は狡猾で残忍。悪名が知れ渡りすぎて、人材を愛した曹操にも見限られた。よってたかって絞め殺されるという最期は、身から出た錆とはいえ哀れすぎる。

裏切りの常習犯となり諸国を流浪した呂布

驚異的な戦闘能力を誇った呂布《りょふ》はまた、狡猾で残忍な男でもあった。欲が深く、自分の利のためなら恩人でも平気で裏切る。義を重んじる主君の丁原《ていげん》の小言が煩わしくなると、短絡的に主殺しを実行して董卓の配下となる。そして、その董卓さえも些細な軋轢《あつれき》がもとで惨殺してしまった。二人の主君を立て続けに殺してしまってからは、もはや誰からも相手にされず諸国を彷徨う惨めな境遇。だが、底抜けのお人好しである劉備は、自らも流浪して苦労した経験があるだけに、呂布に手を差し伸べて迎え入れた。この頃、劉備は陶謙から徐州を委ねられ一国の主となっていた。しかし、呂布はまたこの恩人さえも裏切る。劉備の留守に徐州を乗っ取ってしまったのだ。この野獣には人間の温情など通用しない。

曹操の温情が災いして残酷な処刑になる

やがて、呂布の悪運も尽きて曹操の軍勢に攻められて捕らえられた。有能な人材は厚遇したことで知られる曹操は、当初、呂布を許して配下に加えることも考えたが、やはり危険過ぎる。呂布は処刑されることになった。

縄をほどいては何をするか分からないというので、縛られたまま首に太い縄が何重にも巻かれ、兵士が数人かがりで絞め殺そうとする。

「お慈悲を!!」

最期は、哀れに泣きながら助命を嘆願するが、聞き入れられない。なまじ首が太く体力もあっただけに、呂布はなかなか死にきれずに長時間苦しみを味わった。しかし、普通なら斬首するところを絞殺したのは何故か?

実はこの頃はまだ漢王室が健在で、呂布も諸侯に列せられていた。諸侯に対しては、処刑するにも体を傷つけてはならないという法があり、これにより斬首ではなく絞殺が選ばれたのである。この温情でかえって断末魔の苦しみを味わったというのは、皮肉である。

呂布の最期は身から出た錆とはいえ哀れだった

六

恨み骨髄の相手を死体まで凌辱

遺体から肝を抜かれ…

哀れな最期を遂げた姜維

諸葛孔明にその資質を認められ、後継者として蜀の命運を担った姜維。暗愚な皇帝に悩まされながら、必死で国土防衛の戦いを繰り広げるが、その努力は報われず、悲劇的な末路が待っていた。

味方からも無視され孤立無援の戦い

関羽や張飛、劉備といった建国の英雄たちを次々に失って蜀《しょく》の国力はジリ貧。起死回生を狙った諸葛孔明の度重なる北伐（魏への侵攻）が、さらに衰退を早めていった。それでも孔明のカリスマでなんとか国はまとまっていたが、頼みの孔明が死んでからは人心も乱れ、滅亡への坂道を転げ落ちている状況。そんな時に孔明の跡を継ぐ指導者となったのが、姜《きょう》維《い》の不幸だった。

孔明に実力を認められてはいたが、師とはやは

蜀のために命を張った姜維だったが、報われるどころか死後も辱めを受ける結果となった

りレベルが違う。軍事にばかり熱心過ぎて、国内へ目を配るのを忘れていたのである。

姜維が魏軍と戦っている間に、蜀の宮中では第二代皇帝・劉禅《りゅうぜん》がすっかり酒食に溺れ、それにへつらう奸臣《かんしん》たちが政治を私物化。魏軍が攻めてこなくても、勝手に内部から崩壊しそうなほどに乱れていた。皇帝や重臣たちには厭戦《えんせん》気分もはびこり、徹底抗戦を唱える姜維は孤立して浮いた状態。それでも孤軍奮闘して戦い続けた。

四方から敵に攻められ惨殺されてしまう

西暦二六三年、瀕死の蜀にとどめを刺すべく魏の大軍が侵攻してくる。姜維は手勢を率いて国境で魏軍を迎え撃つが、敵は数倍の大兵力。首都の成都《せいと》に援軍を要請するが、暗愚な皇帝はそれを渋る。挙句の果てに、少数の敵勢が蜀領に侵入すると、腰を抜かさんばかりに震え上がって降伏し

暗愚だったと伝わる蜀の第二代皇帝・劉禅。これでは死んだ者も報われない……

てしまったのだ。これには、敵勢も驚いた。漢王室の正統を名乗る蜀は、これであえなく滅亡してしまった。

姜維も仕方なく魏に恭順するが、しかし、まだまだやる気だった。

蜀の再興を目論んで策謀を巡らす。駐屯してきた魏軍の将軍をそそのかして味方に引き込み、叛乱を起こそうと企てたのだ。だが、その計画が露見して敵勢に包囲される。絶体絶命。四方から攻められ、ついに殺されてしまう。

魏兵は恨みをこめて姜維の死体を損壊

長年の間、強大な魏に抵抗を続けてきた執念の男が姜維である。この男のために幾度も出兵を強いられ、苦難を味わった兵士も多い。また、大勢の仲間の死も看取っている。それだけに姜維への憎しみは強かった。降伏した後も往生際悪く叛乱を画策したことで、憎悪はさらに深くなる。このため、姜維はズタズタに切り裂かれ、倒れた後も魏兵たちの刃に貫かれたという。

　また、姜維の妻や子らもこの時に敵兵の刃にかかり、切り刻まれて殺されている。

　魏兵たちの復讐は、姜維が絶命してもまだ終わらない。死体は徹底的に切り刻まれ、手足は切断されて内臓も抜き出された。その肝は常人の数倍もあるほど大きなもので、魏兵たちも驚いたという。死体から肝を取り出したのは、おそらく食べるためだったのではないかと推察される。恨み重なる敵の生肝を食らうという風習は、太古から世界各地にあった。また、勇敢な人物の肉や肝を食べれば、その力にあやかれるとも考えられていた。

暗愚な皇帝に命を懸けたのが最大の不幸

　はたして、姜維の不屈の闘志を憎んでのことか、それを尊敬したものかは分からない。だが、魏兵たちが食うに値する肝であったことは間違いない。

　一方、姜維が命をかけて守ろうとした蜀の元皇帝・劉禅は命を助けられ、父である劉備の故郷に領地を貰って静かな余生を過ごしたという。自分の度重なる失態で国を滅ぼしたことに、少しは反省しているのかと思いきや……魏の宮廷に招かれた時、宴会の席で蜀の楽曲が奏でられると、集まった蜀の旧臣たちが涙を流しているのに、劉禅だけはヘラヘラと笑っていたという。この時に、

「蜀が懐かしくないのですか？」

　と、問われても、

「ぜんぜん。こちらのほうが楽しいから、蜀のことなど忘れました」

　これを聞いた者はみんな呆れ、こんな皇帝では、姜維がいくら頑張っても無意味だったと憐れんだ。身を粉にして働き、あげくに妻子とともに惨殺され、死体も辱められた。それに意味があればまた姜維も報われただろうが……劉禅の暗愚が目立てば目立つほどに、その最期が悲劇的に映る。

第六部

拷問と肉刑の章

人間を苦しめることを前提とした拷問や、文字通り〝肉を削ぐ〟刑罰である肉刑。古代から中国で行われてきたこれらの責め苦は、世界一プライドが高いと言われる中国人たちの肉体はおろか、心までも残酷に切り裂いた。その苦痛は、場合によっては死より大きい。

目を背けたくなるほど
陰惨な責め苦と身体刑の数々…

一

人間としての尊厳を奪う肉刑

入墨・鼻削ぎ

（いれずみ・はなそぎ）

身体の一部を切断したり損壊する肉刑は、かつての中国では珍しくもない刑罰だった。窃盗などの微罪でも、鼻を削ぎ落とされる残酷な刑罰が科されたという。

顔に入墨を彫って一生涯の恥辱を与える

古代の殷や周の時代の歴史や礼法、法律をまとめた『書経《しょきょう》』などの書物によれば、刑罰は死刑と肉刑の二つに大別されていた。肉刑とは、体を傷つけたり一部を切断することで罪人に苦痛を与えるもの。

これが秦や漢の時代になると、さらに細かく規定され、様々な種類の肉刑も考案された。性器を切除して生殖能力を奪う宮刑、鞭打ちや杖打ちなども肉刑の一つである。

その他にも肉刑は数多くあるが、なかでも最もポピュラーなのが「黥刑《げいけい》」と「劓刑《ぎけい》」だろう。

中国語では入墨のことを「黥」と表記するが、その名の通り黥刑とは罪人に入墨を彫ることである。日本でも江戸時代には、腕などに入墨を彫る刑罰があった。古代の中国では顔にも入墨を彫ったという。

他の刑罰に比べると生命の危険もなく、苦痛も比較的少ない。鞭や杖で打たれるほうが、苦痛は大きいのかもしれない……しかし、打たれた傷はやがて時が経てば癒えるだろうが、入墨は一生涯残る。

しかも、顔に大きく彫られた入墨は隠しようもなく、どんな遠く離れた場所に移り住んでも、その者が過去に罪人であったことはすぐにバレてしまう。面子にこだわり、プライドの高さでは世界一といわれる中国人にとっては、耐え難い屈辱だろう。むしろ、処刑されたほうがマシと考える者もいたかもしれない。

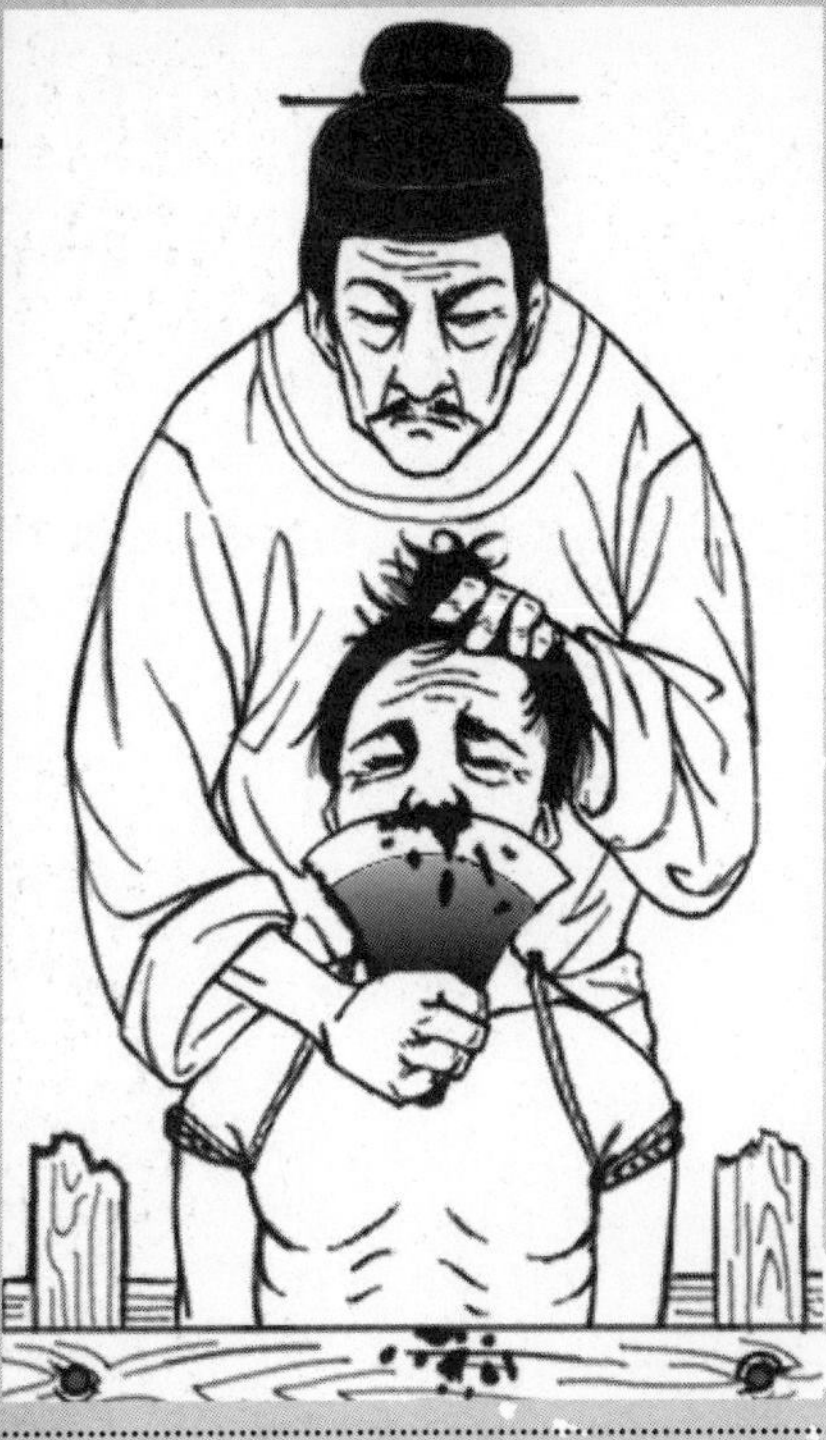

窃盗など軽犯罪者も鼻を削ぎ落とされた

「劓刑」は「割鼻《かつび》」とも呼ばれた。春秋戦国時代には、各地で戦争があり戦争捕虜も多かった。捕虜は奴隷として売られたり、労働力として使われたりする。この時に逃亡を防ぐため、すぐにそれと分かる目印となるように、捕らえた捕虜の鼻を削いだのがはじまりだという説もある。

秦の始皇帝がまだ小国の王だった頃、征服した地域では捕虜となった兵士はもちろん住人まですべて鼻を削ぎ、鼻のない人々ばかりが暮らす町まであったというから凄まじい。秦により中国が統一されると、劓刑がよく執行されるようになった。漢代になって肉刑は廃止されるが、その後に復活。近世までの歴代王朝により採用され、主に窃盗罪に適用されたという。

二

拷問というより性的な私刑

騎木驢

(きぼくろ)

古代の中国では、女性の人権は著しく低い。権力者にとって、大勢いた妾や側女らは家畜と同じだったのか？　不貞するなどして主人を裏切った女は、恐ろしい拷問にかけられた。

日本の木馬責めなどまだまだ甘い!!

背の尖った三角木馬を女性に跨がせ股間を責めるのは、江戸時代の日本でも隠れキリシタンに対する拷問として用いられた。長時間続けると、かなりの苦痛があったという。

中国にもこれとよく似た「騎木驢」と呼ばれる拷問具がある。その形状はよく似ているが、破壊能力は比べものにならないほど凄まじい。

騎木驢の形状は木馬そのもの。罪人がこれを跨いで座ると、足は地面に届かない程度の高さがあり、自重でじわじわと股間に圧力がかかるようになっている。日本の三角木馬とは違って尖っていないかわりに、背の部分には長さ一〇センチほどの鋭い鉄製の棘が無数にある。

この騎木驢による拷問は、不貞した女性を罰するのに使われたという。資産家や権力者などが、妾などの裏切りに対する制裁としてこれを用いたというから、正式な刑罰というよりは私刑のようなものだった。

一メートル以上の疑似肉棒を女性器に挿入

女性は屈強な男たちに押さえつけられ、木馬の上で身動きとれず、やがて棘が背のいたると

ころに突き刺さって鮮血に染まる。この拷問にかけられると、女性器や肛門は激しく損壊して、もはや普通の生活はできない。

騎木驢には、さらに殺傷能力の高いものも存在する。木馬には、直径一〇センチ以上の男性器を模した太い張形が固定されている。張形の長さは一メートル以上にもなる。全裸にされた女性は、張形の上に跨らされて無理矢理に挿入され……やがて、張形はじわじわと奥深くに入り、女性器を破壊するのだ。子宮や腸にまで達したことは想像に難くない。この場合は、大量出血して死に至るのも確実だろう。

三

失敗すれば失血死の男根切除

宮刑

（きゅうけい）

男性の生殖器を切除する宮刑は、死刑に次ぐ恐怖の刑罰だった。麻酔も抗生物質もない時代だけに、手術はかなりの苦痛をともなう。また、死のリスクも大きかったという。

あの司馬遷も皇帝の逆鱗に触れて宮刑に

生殖能力を奪ってしまう刑罰は、現在でもアメリカの一部で性犯罪者に適用されることがある。古代の中国においても、これが「宮刑」「腐刑《ふけい》」などと呼ばれ法制化されていた。子孫を残すことが、生きることの最大の目的だった時代だけに、この刑罰を宣告されることは死に等しい。それだけに死刑に次ぐ罪として恐れられていた。『史記《しき》』の著者として知られる司馬遷《しばせん》も、実は宮刑に処されている。匈奴との戦いで捕虜となった李《り》陵《りょう》将軍を弁護して、武帝《ぶてい》に疎んじられこの刑を宣告されたという。快楽を味わうことや子孫を残す希望を失ったために、司馬遷は脇目もふらずに執筆活動に専念。そのため大長編の『史記』を完成させることができたともいわれる。また、大船団を編成してインドやアラビアまで遠征した明代の航海王である鄭《てい》和《わ》も、少年時代にモンゴル軍に捕らえられて宮刑に処されたとされる。性交の楽しみを奪われた者は、他の方面に情熱を傾けて大成を成すものなのか。

男性器をとられた者は奴隷に最適？

さて、この宮刑の歴史は古い。

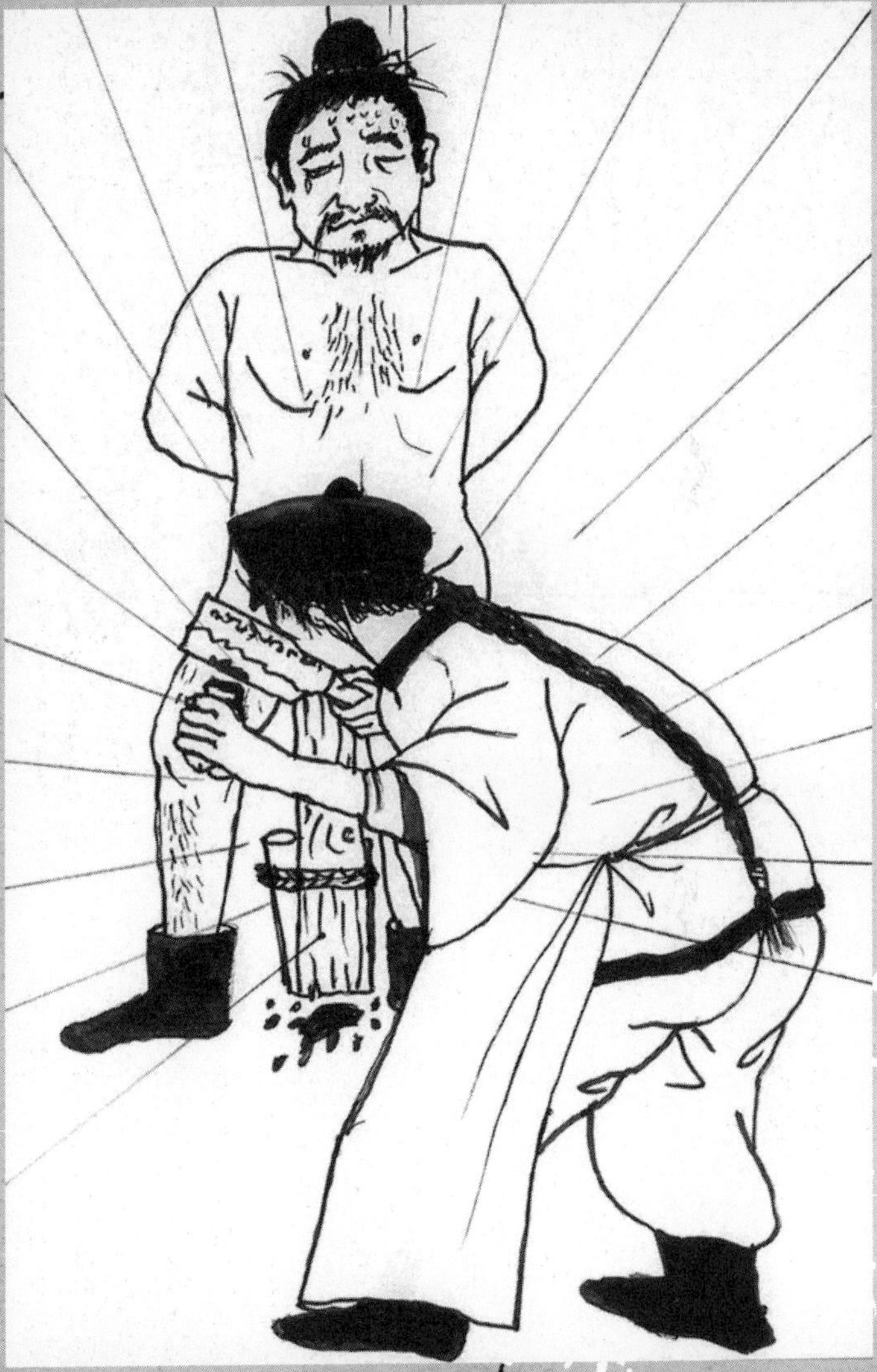

起源は紀元前一四世紀の殷王朝にまで遡るという。戦いで捕虜となった異民族を奴隷として働かせるために、男性の場合は生殖器を切除したのが最初だとされる。

奴隷は王侯や貴族の家の中で雑務に就くことが多く、去勢により猛々しい気性を削いでおかねば、安心して働かせることもできなかった。また、主人の留守中にその妻や娘が奴隷の男と過ちを犯すことを避ける意味でも、去勢は最も確実な方法だったのだろう。

その後、漢代になるとこれが「五刑《ごけい》」と呼ばれる刑罰のひとつとして整備される。それによれば宮刑は「男は性器を割ち、女は幽閉」となっている。女にも宮刑はあったのだ。ただし、性器を切断するというのではなく、ほとんどの場合は生涯を宮中に監禁して奴隷として働かせるものだったという。ただし、ごく稀に陰道を縫って塞ぎ、性交できない体にしてしまうことがあった。

刑罰から就職のためへと去勢の目的も変遷

また、男性の場合も、宮刑に処された者は奴隷として後宮の雑務をこなしていたようである。この後、皇帝の後宮では、戦争捕虜や犯罪者以外にも「宦《かん》官《がん》」と呼ばれる去勢された男たちが大勢働くようになる。犯罪者だけでは、後宮の労働者としては質的な問題も多々あった。このため、知識階級の労働力も必要となってくるが、皇帝の后や側女が大勢いる後宮に、生殖能力のある男性を置いておくのは危険。そこで、働く男たちには去勢することを義務付けたのである。

ちなみに、明帝国の後期には宦官が大量に雇用されていた。また、かなりの人気職種でもあったのだろうか? 募集するたびに応募者が殺到する。三〇〇〇人の募集に対して二万人以上の応募者がやってきたという記録もある。だが、応募するには去勢しておく必要があり

刑罰か、それとも立身出世の糸口か？

……もしも選考から漏れてしまっては、切られ損ということになってしまう。明や後の清の時代には、刀子匠《タオズチャン》という政府公認の去勢手術の専門家も繁盛していたという。

手術の激痛に耐えても3割は失敗して死ぬ

しかし、昔の去勢手術はかなりの危険があった。抗生物質もないだけに感染症を患ったり、大量出血により死に至ることもあったようである。

また、手術に失敗して死亡してしまう者が全体の三〇パーセントもいたというから……まさに命懸け。たとえ成功しても、麻酔を使わない手術はかなりの苦痛を伴う。

イチモツを切り取られる激痛で暴れないよう、手術を受ける者は台の上に寝ると四肢を縛られ、身動きがとれない状態にされる。さらに、下腹部と股の上部をきつく縛って止血の処置を行った後、幹部に胡椒湯をかけて消毒。職人は去勢専用の湾曲した小さな刃物で陰嚢ごと素早く切除して、尿道が塞がらぬよう栓を挿入。あとは傷口を冷水で浸した紙で覆って手術は終わる。

手術を受けた者は三日間、動かせずに寝台で横向きに寝かされる。その間は尿ができないので、水も飲ませない。再び地獄の苦しみが始まる。

そして三日後に栓を抜くと、尿が噴水のごとくあふれ出て手術は成功となるが……もしも、尿道が塞がっていて、尿が出なければやがて尿毒症で死んでしまうというから恐ろしい。

こんな苦しみと死のリスクがあっても宦官希望者が大勢いたというのは、この時代の知識階級もまた現代と同様に、かなりの就職難だったのかもしれない。

人類の生み出した悪魔の道具 四

責め具
（せめぐ）

科学捜査などなかった時代、罪人の自白こそが最良の証拠だった。そのため、怪しいと思われて捕縛されたが最期、あらゆる残酷な方法で責められて自白を強要された。

罪人を自白させる拷問はやり放題

罪人として判決が下されると、法に照らし合わせて様々な刑罰に処される。たとえいかに残酷であっても、その方法はすべて法により定められたものである。しかし、容疑者を尋問する時に加えられる拷問には、法による規定はなかった。すべては尋問する者の裁量に委ねられることが多く、このため尋問官が残虐な性癖の持ち主だった場合は、極刑で処刑されるよりも、さらに残酷な拷問が行われることがあったという。

罪人を拷問して自白を強要する場合、普通は杖や鞭などを使って打つことが行われる。それでも生易しいものではない。皮膚は裂けて肉や神経も損傷する。何日も同じように責め続けられたら、傷口が化膿して高熱にうなされ、そのまま死んでしまうこともあった。

拷問のための様々な器具も発明

しかし、この杖打ちでも自白しない強情な者には、手足の指を縄などできつく縛って締め上げる。指などの先端部は神経が集中しているので、痛みを敏感に感じる部分である。そこを怪力の獄卒が力任せに引っ張れば、激痛により失神しそうになる。また、骨が砕けたり障害が残ることもあるという。

　三本の棒を組み合わせて縄でつなぎ、その間に罪人の腿を挟んで締め上げる「三木《さんぼく》」と呼ばれる拷問器具も明代に開発された。この三木で締め上げられる激痛は凄まじく、女性などはすぐに泣き叫びながら自白した。宦官により行われていた取り調べでは、よくこの拷問具が使われたといわれる。

　また、女性を拷問するのが大好きなサディスティックな尋問者も多いもの。昔は姦通罪は重罪であり、罪人として捕らえれられて拷問される女性は多かった。竹や木材で作った器具で陰部を責めるのは、そういった輩の常套手段。丸裸で逆さ吊りにされて、三日三晩責め続けられて悶死した女もいたという。

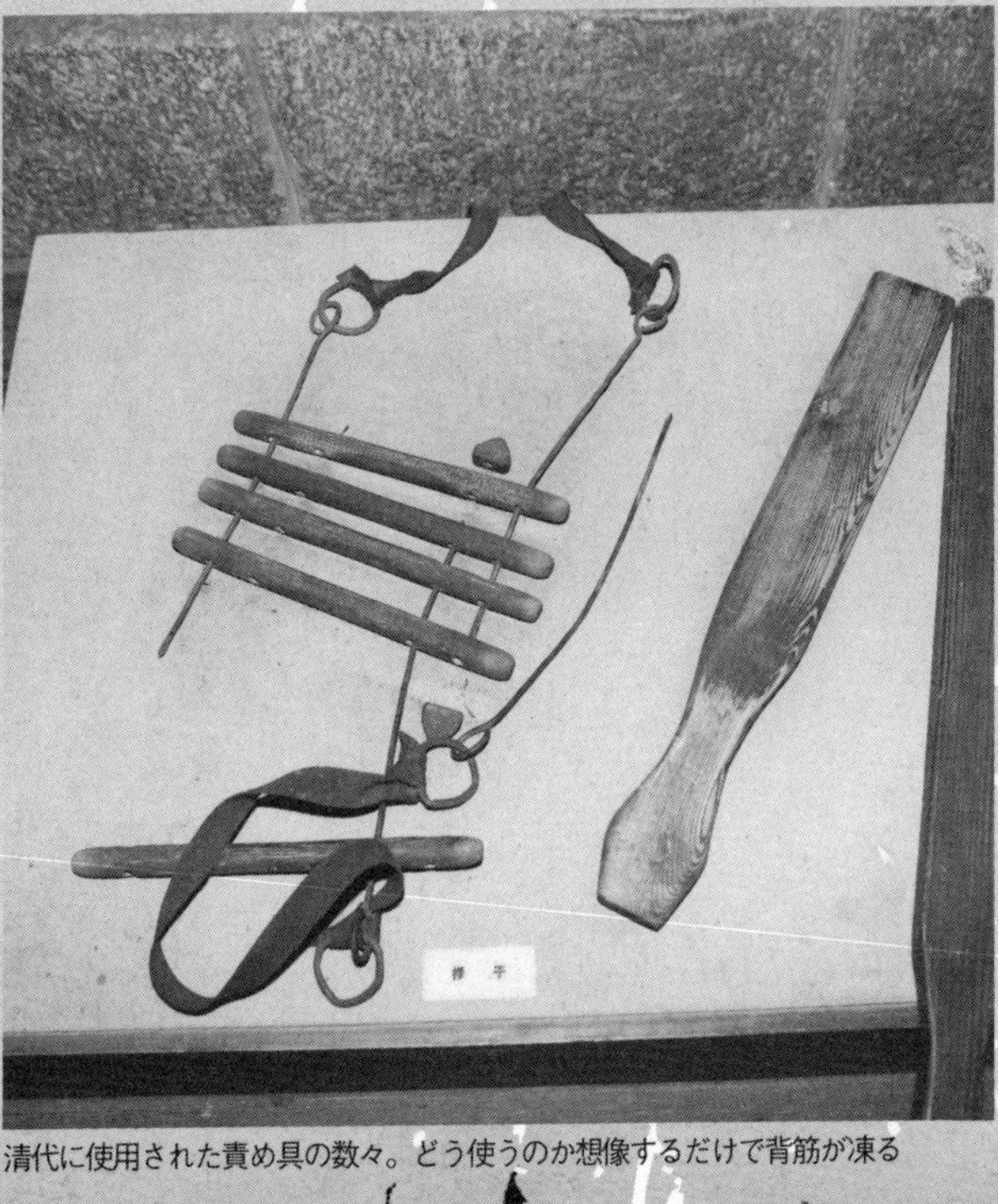

清代に使用された責め具の数々。どう使うのか想像するだけで背筋が凍る

五

犯罪者の人権など完全無視

晒し者

(さらしもの)

面子を何よりも重んじる中国人には、人前で晒し者にされるということは耐え難い屈辱。だからこそ、懲罰としての効果は抜群であった。

いまだに執行され続けている負の遺産

処刑を公開したり、罪人を晒しものにして辱める……こんな屈辱的行為が犯罪の抑止力になるという考えから、かつては世界のあらゆる国や地域で行われてきた。しかし、西欧先進国においてはすでに消滅した過去の遺物。日本でも維新後の近代国家になってからは、公開処刑や市中引き廻しは廃止された。

しかし、中国では……GDPが世界第二位となり、オリンピックや万国博覧会まで開催する超大国に発展した今日も、公開刑がいまだに執行され続けているという話は、メディア上やネット上でまことしやかに囁かれている。

中国人の国民性に「晒し者」は効果絶大

考えてみれば、中国人ほどメンツにこだわる民族は他にいないだろう。
その自尊心の高さから、他国の人々にとってはスルーできる

些細なことでも、中国人は怒り心頭。その民族気質の違いが国際問題に発展することも過去には多々あった。

　中国の歴代の政権は、そんな自国民の本質を知り抜いているだけに、この公開刑が効果絶大であることをよく知っていた。それだけに、この効果的な懲罰手段を廃止できない。自尊心を傷つけられることは、中国人にとって死ぬこと以上に屈辱なのである。

うら若き女性たちが公開で銃殺刑に……

　北京オリンピック開催が決まった頃から、外国の批判を意識してか公開処刑は行われなくなったともいわれるが……。90年代の頃は、公開処刑について多くの外国人の目撃証言があり、また、実際に処刑現場を撮影した画像もネット上でよく目にした。

　たとえば、韓国のインターネット新聞『デイリーチャイナ』では二〇〇五年に、10人の女たちが後ろ手に縛られ、刑場で処刑される直前の画像が公開されて世界中で話題になった。

　もっとも、この処刑が執行された時期は、90年代初頭だったともいわれる。

　この他にも、罪状を書かれたプラカードを首にぶら下げ、トラックで刑場へ運ばれる罪人たちの姿。また、後頭部を銃で撃たれ顔の半分を吹き飛ばされた少女など、動画サイト「ユーチューブ」や中国のネット掲示板で見かける公開処刑の動画や画像は残酷極まりない。

　死の直前まで衆人監視のもとで辱められる。それが犯罪の抑止力になるという考えは、否定できないところもあるのだが……処刑される直前の人々の多くが、逮捕時に着ていたと思われる私服姿なのから見ても、かなりのスピード裁判で処刑場へ送られたのではないかと推察できる。はたして、まともな裁判が行われたのか？　という疑問もわいてくる。

　うら若い女性たちが、無実の

現在でも行われているという公開刑

罪で辱められ殺されたとしたらあまりに、哀れだ。

売春婦は全国にその名と生年月日を晒される

また、処刑されないまでも、微罪の罪人が市中を引き廻されることがある。その一例を挙げてみれば、日本の全国紙でも報じられたように、広東省深圳市では二〇〇六年、検挙された売春婦とその客90人を縛って、詰めかけた大衆の前で晒し者にした。罪人は一人ずつ名前と生年月日を読み上げられ、それは地元のテレビでも放映された。判決は15日間の留置という微罪だが、全国に顔と名を晒された者は、生涯忘れられない屈辱となっただろう。

貧困のためやむにやまれず売春婦になる女性も多い。なかには、人身売買によって強制的に体を売らされている女性だっているだろう。

屈辱的な罰よりも、むしろ彼女たちにこそ救いの手を差し向けるべきだと思うが……。

蛮行の裏には警察の関与も噂される

現在、中国政府は犯罪者や犯罪の被疑者を晒し者にすることを、公式には禁じているとされる。

しかし、二〇一一年には浙江省台州市で、泥棒をしたという女性が裸にされて、背中にマジックで大きく「私は泥棒です」と書かれて市中を引き廻されたという信じられない画像と記事が台湾のインターネット新聞で配信された。

住民による私刑なのか、警察官が関与していたのかは不明だが、罪人を晒し者にするという悪癖は、いまだ中国社会の中に根強く残っているのかもしれない。

殺人道具と化した責め具

首枷

(くびかせ)

凌遅刑で切り刻まれたり、宮刑で生殖器を切断されることを考えれば、首枷を装着されるくらいは……と思いきや、刑具の改良により殺傷力充分な拷問具へと変貌していた。

首枷はまだまだ軽いほうの刑罰か!?

微罪に問われた者に対しては、市中の市場や役所の門前に、首枷を付けて縛って晒し者にする刑罰があった。刑罰としてはかなり軽いほうではあるが、プライドが高く面子を気にする中国人には耐え難い屈辱。高位の官職や貴族の家柄に生まれた者なら、

「いっそのこと殺してくれ!」

そういった心境なのかもしれない。

また、この刑罰はやり方によっては、身体に障害が残ってしまうこともあるし、死んでしまうこともあるからあなどれない。

罪人に装着される首枷は、もともと春秋戦国時代の頃に開発された農機具を改良して刑具としたものだ。

本来は、囚人を護送する時に、逃亡を防ぐために足に重しを付けたり、首に枷をして身動きをとれなくしたもの。

囚人二人を一対にするタイプなど、様々なものが開発されていたという。

生命の危険もある超重量級の首枷も

それが南北朝の頃になって、正式に刑具として採用されるよ

首枷をつけられた者たち。重さはもちろん、その屈辱には耐え難いものがあった

うになる。時には拷問の道具としても利用され、容疑者に首枷を装着して、さらに重い石などをくくりつける。後ろに引っ張れば、背骨にかかる重圧はかなりのもので、運が悪ければ頸椎《けいつい》が折れて死に至ることもあった。

また、首枷そのものの重量を重くしたり、首を入れる部分の穴を小さくして呼吸を苦しくするなど、罪人を苦しめるための様々な改良もされている。

微罪として軽く罰する目的の首枷が、あまりに殺傷力を持ちすぎたために、政府もこれを問題視したようで、宋代の頃には首枷の重量に制限が設けられた。それでも、地方では非合法な鉄製の重い首枷が使用された例も多々ある。

明代には重量一〇〇キロ以上にもなる超重量級の首枷が使用されたことがあり、これを使われた罪人の多くは、骨が砕けて絶命することもあった。

打擲する回数によっては絶命

杖打ち

(つえうち)

鞭打ちは、近世になっても世界各国で執行されていた。中国では鞭よりも杖を使うことが多かったが、この殺傷力は、しばしば執行人がつい力余って罪人を殺してしまうほどだった。

皮膚どころか筋肉まで削ぎ取ってしまう

超近代国家のはずのシンガポールでも、暴力行為や不法入国などの犯罪には、現在でも鞭打ち刑が適用される。町中で暴れた未成年のアメリカ人に鞭打ち刑が執行され、欧米社会から非難が起こったこともあった。

しかし、古代中国における拷問の凄まじさから比べれば、まだ、序の口といったところか。

古代中国において、鞭打ち刑をもっとも多く適用したのは漢王朝だった。犯罪者を容赦なく残虐な極刑で処断した前政権の秦とは違って、漢は歴代中国王朝のなかでも比較的穏やかな政権だった。秦では軽犯罪者にも鼻や手足を切断する肉刑が多用された。

漢では肉刑はあまりに残酷だとして執行を停止したが、それに代わるものとして鞭打ちの執行回数が増えたという。また、罪の重さにより打たれる回数も増え、皮膚どころか筋肉までも剥ぎ取ってしまうような強力な鞭も考案された。さらに、鞭よりも殺傷力の強い木製の杖が使用されるようになると、刑の執行中に死亡する者もいたという。死なないまでも、体に障害は残る。はたして、肉や鼻を削がれるのとどちらがマシだったか? 難しいところではある。

殺傷力抜群の杖打ちは密殺にも用いられた

杖が振り下ろされるたびに、鈍い音と絶叫が響き渡った

杖打ち刑は中国の歴代政権で採用され、近世になっても頻繁に行われていた。そして皇帝は司法を司る大臣の手続きを経ることなく、杖打ちを執行することができた。高級官僚といえども例外ではなく、皇帝の気分次第で杖打ちに処することができる。執行者の力加減ひとつで簡単に殺すこともできるので、軽い仕置のつもりが手違いで死んでしまうこともあったが、皇帝にとっては、「気に食わないヤツだから殺したいけど、死刑にする理由がない」といった者を殺害してしまうには都合のいいやり方だった。

明の第一二代・嘉靖帝《かせいてい》の治世で、皇帝の怒りをかった家臣一三四人に杖打ちが執行された。この頃の杖打ちの回数は四〇～六〇回というのが一般的。それ以上やると確実に死ぬことが、過去の経験でわかっていたようだ。しかし、それでも一七人の死亡者を出したというから、この刑罰がいかに過酷なものだったかが分かる。

朝廷の高級官僚に刑を執行する場合は、多少の温情や配慮はあったが、これが庶民になると、死んでもかまわないとばかり一〇〇回程度の杖打ちが言い渡されることもある。この場合、ほとんどの者が死んだという。

八

口を塞ぐための残虐処置

舌切断

（したせつだん）

死後に閻魔大王の審判で、嘘をついた者は舌を抜かれて地獄に落とされた。作り話……と思いきや、昔の中国の刑罰では、実際にそれと似たようなことが行われていたという。

公開処刑執行の前に罪人は舌を切られた

漢代にはすでに舌切が刑罰として制定されていた。舌を切り取られるのは、いかにもむごたらしい感じがある。だが、それは死刑に処せられる囚人に対する「執行前の措置」という位置づけでしかない。叛乱を画策するなどの重罪を犯した者が死刑に処せられる時に、「どうせ死ぬなら、洗いざらい全てぶちまけてやる！」と、民衆が見物する処刑の場で、宮中の秘密を暴露したり、皇帝を誹謗するなどといったことがあってはならない。そのために、あらかじめ舌を切り取って喋れなくしておいてから、刑場に引き出したのである。

こうなっては、叫ぼうにも叫べない。人々が見守る中、最期の抗弁をすることもできずに、じわじわと苦しめられて死んでゆくだけである。また、庶民に対しても、手足や鼻の切断刑だけではまだ不足だと判断された場合に、この舌切りも加算されることがあった。これでは死を免れたとしても、まともに社会生活は営めなかっただろう。

凌遅刑では最初に舌を切り落とす

時代が近世になり明や清の時

代になると、医療技術も進歩して、凌遅刑などでも延命処置が向上する。このため数千刀も肉を削いでも絶命させずに刑は続けられ、執行にも数日を要するようになった。

こうなると罪人が喋ることができると、色々と不都合もある。悲鳴をあげられたり、呪詛の言葉を吐かれては、執行人もやり辛い。

そこで、刑を執行する前に歯をすべて抜き、舌も切り取って喋れなくしておいてから刑を執行したという。

麻酔もなく歯を抜かれたり、舌を切られるというのは、考えようによっては肉を削がれる以上に残酷である。

九

生きたままの人間を剥製《はくせい》に

皮剥ぎ

（かわはぎ）

顔の皮を剥がして醜くなった容貌を嘲笑する。また、全身の皮を剥いで処刑した後、その皮を調度品に加工するなど……皮剥ぎには様々なバリエーションがあった。

中国史上最悪の皇帝は皮剥ぎがお好き

二〇一二年に韓国のSBSテレビで、中国の毛皮産業の実態が紹介されて物議をかもした。中国ではウサギ、キツネ、タヌキ、ミンクなどの毛皮製品の需要が高く、年間四〇〇〇万頭の動物が毛皮をとるために殺されるという。しかし、ここでは数よりもその殺し方が問題。動物たちは、生きたまま毛皮を剥ぎ取られる。死んだ後だと、血が固まって皮が硬くなり剥がすのが難しいというのが理由なのだが、その光景が残酷すぎるというので動物愛護団体などから非難が殺到したという。

しかし、その昔には人間もまた、生きたまま皮を剥がれていた……中国の歴代王朝の刑罰には皮剥ぎの記録が多く、かなり頻繁に行われていた形跡があるのだ。

皮剥ぎが最初に記録に現れるのは、前漢の景帝《けいてい》の時代だといわれる。その後、三国志の頃、残酷で暗愚な帝としてよく登場してくる呉の孫晧が、この刑罰を用いた。

顔の皮を剥がれたくらいでは絶命しないだろうが、その激痛と恐怖は死をも凌駕することは間違いない。また、醜い容貌を晒しながら生き続けねばならないのも屈辱である。

剥ぎ取った人皮は太鼓や座布団に

孫皓は面白半分でこの刑罰を科して、受刑者が苦痛にのたうつ姿を眺めて楽しんだともいわれる。この頃の皮剥ぎ刑は殺すことより、屈辱を与えることが目的だったのかもしれない。

しかし、明の時代になると皮剥ぎ刑はさらに盛んになり、やり方も残酷に。全身の皮を剥いで死に至らしめる処刑の方法としても用いられた。

首の後ろから肛門まで皮膚だけを刃物で真っ直ぐに切り、その後に両側から引っ張って皮を剥がされた受刑者は、背中の皮が腕のほうまでたれ下がり、まるでコウモリのような姿になったという。

また、全身に松脂を塗って固まったところを、ノミで打って皮ごと剥ぎ取るというやり方もある。剥ぎ取った皮は、調度品として加工されることもあった。たとえば一六世紀に、倭寇《わこう》を討伐した湯克寛《とうこくかん》は、捕らえた倭寇の皮を剥いで、その皮を張った太鼓を作っている。頭皮を剥ぎとって座布団として使った例もある。

国の章

今なお残る「負の遺産」深すぎる赤い国の闇

経済的な発展を遂げて、「世界の工場」を自負するまでに成長した中国。

だが、爆発的に増加した人口の問題や食糧不足、深刻な環境汚染など、現代も様々な問題が山積している。

隠蔽しようと躍起になっても露見してしまう暗部を検証する。

第七部
現代中

強制的に堕胎させられた女性も

一人っ子政策の弊害か？戸籍のない「黒孩子」が急増

中国では30年ほど前から「一人っ子政策」と呼ばれる厳しい産児制限が行われていた。人口抑制のためには致し方ない面もあるのだが、これによって様々な悲劇が生まれたことも事実である。

罰金を払えなければ強制的に堕胎される

二〇一二年に中国政府は、一人っ子政策の緩和を検討しているという報道が伝えられた。

人口増加を懸念して一九七九年より始まったこの政策も、人口構成の急激な高年齢化や男女比率が歪《いびつ》になるなど、過去にも様々な弊害が指摘されていた。

また、この厳しい産児制限により、苦しめられ不幸になった人々も多い。

政府の命令は絶対、人権を無視しても必ずやり遂げる。そういった傾向が、中国の地方の役人には顕著だ。一人っ子政策に関しても、そういった役人たちの残酷な対応が目立つ。

たとえば強制的な堕胎。二〇一二年の新華社電によれば、陝西省《せんせい》で計画出産を担当する職員が、二人目の子を妊娠した女性を強制的に堕胎させた。

しかし、女性は妊娠七カ月、胎児もかなり成長しているために、堕胎は命にもかかわる。

中国の法律でも六カ月以上の妊娠中絶は禁止されているのだが……役人には自分の成績のほうが、法や人の命よりも大切だったようだ。事件が公になってこの役人は停職となったが、これも氷山の一角である。

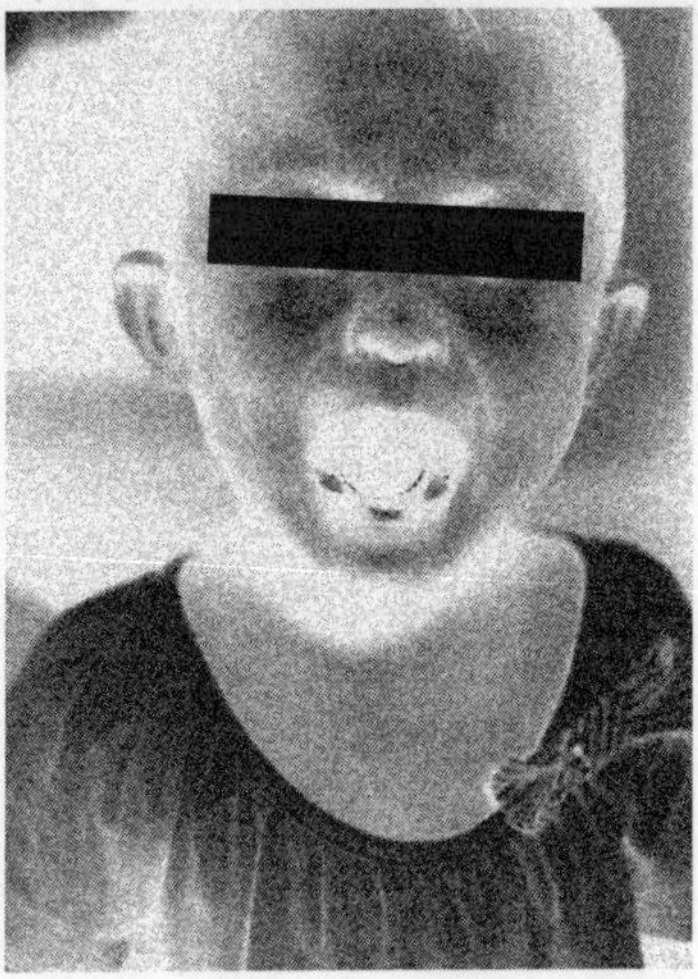

戸籍がなく学校にも通えない子供たちが総人口の１パーセントに達しているという

密かに産まれた子は戸籍もなく隠れて暮らす

また、二人目を妊娠しても、罰金を支払えば産むことは可能だが、貧困層にはおいそれと払える額ではないという。

そういった場合は有無を言わせず強制堕胎。そういった事例は他にも数多く存在する。

そして一人っ子政策に違反して産まれたなかには、戸籍もなく密かに生かされている「黒孩子《ヘイハイツ》」と呼ばれる子がいる。それが総人口の一パーセントにも達しているというから驚く。

困り果てた親は人身売買組織に子を売ったり、捨てられて物乞いになったりもするという。戸籍がないため学校へ行くこともできず、これでは成長してもまともな職に就くことも難しい。

河南省三門峡市盧氏県では、一人っ子政策に違反して五人の子を産んだ夫婦が、役人の目を逃れるため子供を連れて山中へ逃亡した。

一家は20年もの間、山奥深くに隠れて原始人のような生活をしていたという悲劇的な事例も発生している。

2

隣国にも被害をもたらす悪魔的環境破壊

一般市民が生活できないレベルに達した環境汚染

最近は偏西風に乗って中国からの汚染物質が日本へも到達するようになり、健康被害が毎日のようにテレビや新聞で取り沙汰されるようになった。現地の中国では、さらに酷い実情のようなのだが……。

日本にも迫ってくる大気汚染の恐怖

近年の急速な経済成長に環境整備の法制化が追いつかずに、工場からは汚染物質が無秩序にタレ流される。また、中国で販売されているガソリンには粗悪なものもかなり多いという。人民のほとんどが自転車や公共機関に頼っていた時代ならば問題はなかったが、近年、爆発的にクルマが増えて、その排気ガスによる汚染が深刻化している。

さらに、中国では現在でも家庭用の暖房に石炭を使用することから、特に冬場は大気汚染が深刻化する。

これらの複合的な要素が重なって、中国の大気汚染は危機的状況に陥っている。海に向けて開けている沿岸部ならばまだマシなほう。

北京などの内陸では、風が吹かなければ汚染物質は留まり続

あらゆる汚染物質が飛び交い、中国では数十メートル先すら霞んで見えてしまう

け、それが日々タレ流されるのだから濃縮されてしまう。最近はテレビのニュースなどで、よく北京の街並が映し出されるが、汚染された大気でビルも道路も霞んで見える。

普通の市民生活ができないレベル

空気を汚している汚染物質は、微小粒子物質PM2・5と呼ばれるもの。
粒子径が概ね2・5μm＊以下のもので、花粉よりもかなり小さい。このため花粉やインフルエンザウイルスを遮断するマスクでも、この微小粒子は素通り。つまり、マスクをしていても汚染物質から逃れることはできないのだ。

日本でも70年代には公害が問題となり、四日市市や川崎市などでは汚染物質により喘息を患う子供が急増した時代がある。しかし、現在の中国における大気汚染はそのレベルを完全に超えている。

たとえば、二〇一三年二月二五日に山西省太原市では、一立方メートルの大気中に一一〇〇マイクログラムを超える値を記録。日本の環境基準で危険とされるレベルの31倍にもなる。人命を脅かすレベルだ。

実際、喘息を起こして死亡した人もかなりの数いるという。将来的には肺ガンを発病する危険もかなり高い。

北京の日本人学校などでは、屋外活動が禁止となる日が続き、児童らの体育の授業の日数も確保できないという。また、日本から中国への修学旅行を中止した学校も多い。空気清浄機も飛ぶように売れて、天気の良い日に窓を開けたり、屋外に洗濯物を干すといった日本ではごく普通の光景も、現在の北京では危険行為。しかし、そんな危機的状況下でも庶民は屋外で活動し、普通の生活を営んでいる。

水道水の汚染も不気味すぎる問題

また、大気汚染にばかり目がいって忘れがちではあるが、中国では水の汚染もかなり危険な

＊μｍ＝マイクロメートル。１μｍは0.001ミリメートル。

まるで墨汁のように真っ黒の工業廃水が河川に垂れ流しにされている……

レベルにある。工場廃液や生活排水がそのまま投棄される河川は多く、原色に近い赤や緑、黄色などに染まっている川も多い。悪臭や刺激臭で川面に近寄ることもできず、すでに「改善不能」として放置されたままの川も多い。

　恐ろしいのは、この汚染された水が水道水にも混入していることだ。二〇〇九年に行われた調査によれば、中国の都市部で使われている水道のうち、なんと50パーセントが安全基準を満たしていなかったという。

　また、魚やエビなどの養殖をしている池や湖も多いが、汚染水はそういった場所にも入ってくる。養殖池のエサや感染症防止の抗生物質などが蓄積して汚染物質となることもある。そんな環境下で飼育された魚介類を食べるのも、怖ろしい。

　汚染物質は長い時間かけて体内に蓄積されて、様々な悪影響をおよぼす。このまま汚染された空気を吸い、汚染された水や魚を飲食し続ければ、どうなってしまうのだろう？　中国産の食物は大量に日本にも輸入され、日常的に我々も口に運んでいる。これは決して、他人事で済まされる問題ではない。

3 世界の工場どころか「殺人工場」も！
劣悪すぎる環境で労働を強いられる従業員たち

中国の労働条件は、かなり改善されているという。賃金も年々急上昇しているのだが……しかし、その内情をよく見てみれば「女工哀史」といわれた明治期の日本の紡績工場のような状況が、現在も続いている。

労働者たちが蜂起した暴動も頻発している

今や中国は「世界の工場」という言葉がピタリと当てはまるほど、各国企業の工場が進出して生産拠点となっている。安い賃金は魅力なのだが、最近は中国も物価が上昇傾向にあるだけに、賃金を抑えておくのは大変。

労働者たちも不満が溜まっているのだろうか、大規模なストライキも各地で起きている。

二〇一二年の秋、山西省の太原市で起きたストライキは、もはやストライキというよりは「暴動」と呼ぶべき危険な状況だったという。二〇〇〇人の工場労働者が大乱闘を起こして、多数の負傷者が出た。「死者10人」と発表しているメディアも

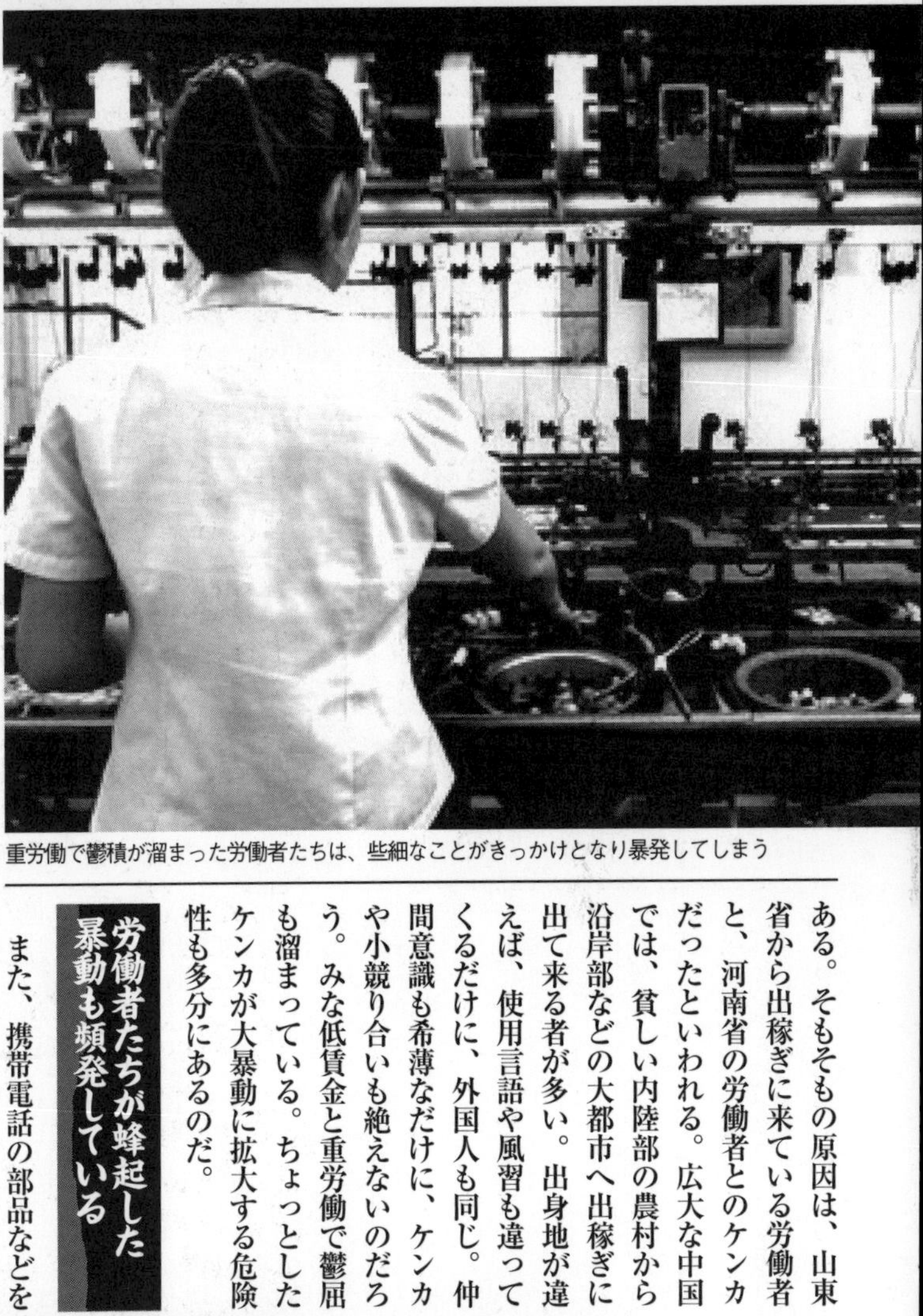

重労働で鬱積が溜まった労働者たちは、些細なことがきっかけとなり暴発してしまう

ある。そもそもの原因は、山東省から出稼ぎに来ている労働者と、河南省の労働者とのケンカだったといわれる。広大な中国では、貧しい内陸部の農村から沿岸部などの大都市へ出稼ぎに出て来る者が多い。出身地が違えば、使用言語や風習も違ってくるだけに、外国人も同じ。仲間意識も希薄なだけに、ケンカや小競り合いも絶えないのだろう。みな低賃金と重労働で鬱屈も溜まっている。ちょっとしたケンカが大暴動に拡大する危険性も多分にあるのだ。

労働者たちが蜂起した暴動も頻発している

また、携帯電話の部品などを

「世界の工場」を自認する中国だが、その労働の実態は過酷なものも多い

生産する広東省の工場で、近年になって従業員が次々に自殺するという不気味な事件が起こっている。ここでは1日15時間勤務で、月の残業時間が80時間以上という過酷な労働条件だったと報道されている。自殺は労働過多からくるノイローゼによるものか？ 寮から飛び降り自殺をはかり、重傷を負った女子従業員も、

「生きていくのに疲れた」

と、自殺の動機を語っている。

また、試作品の製品を盗んだ産業スパイと疑われ、激しい暴行を受けた後に自殺した従業員もいたという。しかし、こういった外国企業の労働条件は、まだかなりマシな部類だろう。

中国人労働者の平均賃金は毎年10パーセント以上の上昇を続け、現在は日本円にして月額二万円前後といわれる。しかし、これはあくまでマトモな企業の話。それでも、不満が溜まってストライキが頻発するのだ。マトモでない企業だと、どうなってしまうのだろうか？

中国にも労働者を守る法はある。しかし、この国では法が必ずしも完全に機能していないことは、もはや説明するまでもないだろう。法の番人たる官僚も、金次第でどうにでも転ぶ。それだけに、労働者を奴隷のようにコキ使う悪逆な企業は、やりたい放題だろう。

日本にもブラック企業と名指しされる会社は多いが、それすらも天国に思えるような……。

賃金の不払いに不服を言えば暴行

たとえば、香港に本部を置く人権団体「中国労工観察」が調査したところ、中国労工法で規定された「1カ月の残業時間は36時間以内」という規定を守っていた企業は10社中1社のみ。1カ月160時間もの残業をさせている工場もあった。とある工場のラインでは、労働者が10時間も立ちっぱなしでベルトコンベアから流れてくる製品と格闘していたという。これではいつ過労死しても不思議ではない。

また、広東省潮州市の工場では、四川省から出稼ぎに来ていた労働者の夫婦が、賃金の支払いが遅れているので社長に催促したところ、社長の部下に押さえつけられてナタで手足を切られたという。手も足も切断寸前の深い傷を負った。この事件はたまたま公になって社長たちは逮捕されたが、これは氷山の一角に過ぎない。中国では農村からの出稼ぎ者は弱い立場にあり、賃金の未払いなどもよくあること。そして、支払いを求めれば暴力をふるわれて追い返されるという例も、かなりの数あるという。

世界の工場を自負する中国。そのウラ側では、多くの労働者たちが苦しめられている。

④ 抗議で焼身自殺する者も後を絶たず…

暴動鎮圧という名の殺戮 少数民族問題の深い闇

チベットもウイグル自治区も、もともとは漢民族とは異なった文化をもつ民族の地。彼らからすれば、中国は「外国」だったはずだ。そして、その外国による占領と残酷な弾圧は、今も続けられているという。

中国語の「解放」は「武力侵攻」と同義語か!?

清王朝が滅んだ後、その保護下にあったチベットも一九一三年に「我々は独立国家である」と宣言。イギリスなどをはじめとする国際社会も、それを認めていた。

しかし、一九五〇年。突如として侵攻してきた中国の人民解放軍により、独立国チベットは終焉した。全土が占領され、中国の一部となってしまったのだ。中国側は「圧政に苦しむ民衆を解放した」といった主張を崩さない。しかし、チベット民衆たちの多くは「解放」とは思っていない。精神的指導者であり国家元首のダライ・ラマ14世がインドで亡命政権を樹立すると、10万人にものぼる人々がこれに付き従った事実も、中国の支配を良しとしない一つの証明だろう。

ダライ・ラマを慕いインドをめざして亡命する者は、現在も後を絶たないといわれる。それに関して、二〇〇六年に驚くべき事実が公表された。ネパール国境付近で、亡命しようとしていたチベット人の集団に、中国の国境警備隊が発砲。無抵抗の人々を次々に撃ち殺したのだ。海外の登山隊がこの現場を目撃して撮影し、世界中に知られた。また、その映像は動画サイトにも転載されている。

ガソリンで焼かれても抗議せずにいられない

しかし、この殺戮も氷山の一角。チベットではさらに残虐な抑圧が続けられている。漢民族のチベット移住やチベット人との婚姻が奨励され、チベット語の使用を禁じたり制限しているという。これについて、「チベット文化の虐殺」と、ダライ・ラマ亡命政府は非難。しかし、チベットではそれに逆らうのは難しい。自治や独立を求める運

チベット自治区ラサで発生した暴動によって焼かれた銀行の店舗

暴動にかかわった疑いで拘束された夫たちを返すように抗議するウイグル族の女性たち

動をすれば、容赦なく投獄される。そして刑務所では容赦のない拷問が待っている。鉄の棒で殴打され、電気ショックを与えられ、氷点下の屋外に放置される、等々……。死亡したり、身体障害者となる受刑者も多いといわれている。

　また、宗教がからむと看守たちはさらに残酷にもなる。一九九八年に国連人権委員会が報告したところによれば、尼僧が収監されると、電極付きの牛追い棒を使ってレイプされたという。

　それでも、チベット人たちはしばしば抗議行動に出る。支配者の側はこれを「暴動」と呼び鎮圧するのだが、天安門事件では自国民にさえ実弾射撃を実行しているだけに、そのやり方は情け容赦ない。つい最近、二〇〇八年にもチベット全土で大規模な抗議運動が起きたが、民兵や警察はこれを暴力的に鎮圧した。中国国外に持ちだされた映像などで、その凄まじい状況を見ることができる。

　また、武器を持たぬチベット人たちの最後の抵抗手段は焼身自殺である。チベット亡命政府によれば、これまでに51人が抗議の焼身自殺を図ったという。ガソリンをかぶり自らを火炙りにしなければならないほど、人々は追い詰められているということだろう。

世界が見て見ぬふりするウイグル自治区の状況

また、チベット以上に酷い状況になっているとされるのが、新疆《しんきょう》ウイグル自治区である。この地域はもともと漢民族とは別の人種で、宗教も異なるイスラム教徒のウイグル人が住んでいた。第二次大戦中には民族国家の東トルキスタン共和国建国が宣言されたこともある。しかし、一九四九年には中華人民共和国の支配下となり受難の歴史を経験させられる。文化大革命の頃は、人々が最も大切にしていたモスクやイスラム文化が大量に破壊されたこともある。また、ウイグル自治区内で46回も行われた核実験の放射能汚染の実態も明らかにされていない。

分離独立運動が起こるのは当然。それを抑える弾圧もまた、激しかったことだろう。そして9・11のアメリカ同時多発テロの直後から、ウイグル人の抵抗も「テロ」とされるようになった。そうすればアメリカをはじめ人権にうるさい欧米社会も、テロリストとの戦いを標榜している手前、中国の行動を非難できなくなる。それをいいことに弾圧もやり放題。ドイツを拠点とする世界ウイグル会議によれば、二〇〇一年以降に、国家治安維持法違反で服役させられたウイグル人は約七〇〇〇人にものぼるという。死刑判決を受けて処刑された者も多い。

また、最近は結婚適齢期のウイグル人女性を北京や上海などに送り出しているという。その数は、二〇〇六年からの五年間に40万人。彼女たちは劣悪な環境で働かされ、逃げると罪に問われる。また、漢民族の男との結婚を強いられたりもするという。一人っ子政策による漢民族男性の嫁不足解消と、民族浄化を行なうには一石二鳥のやり方である。

5

異常じみた食文化と毒に冒された食品

食べることも命懸け 残酷すぎる食事情

中国四〇〇〇年の食文化のなかには、他民族からすれば、残酷極まりないと思えるものが多々ある。また、最近はニセの高級食材も多く出回り、その中には命にかかわる危険なものも……食べるほうも命懸けだ。

豊かな食文化とはルール無用という意味か？

中国は四〇〇〇年の歴史を誇る豊かな食文化の国。

しかし、机以外の四本足と両親以外の二本足は何でも食べると揶揄されるように、食材についていささか豊か過ぎる気もする。

たとえば、数年前に赤ん坊の死体をスープにして食べているショッキングな画像がネット上で話題にもなった。こちらはどうやら捏造《ねつぞう》だったが……しかし、昔は胎児を煮込んで食べるのが薬膳料理のレシピに本当にあったようだ。

また、現在も密かに食べられているという噂も聞く。どこまで本当か、確認する術はないのだが……。

食材も豊かだが、調理法についてもバラエティに富んでいる。なかには、他民族を驚かせ

市場には他国では考えられないような食材が所狭しと並んでいることも……

たり恐怖させる過激な調理法も多々ある。
日本料理も魚の活き造りが残酷だと、欧米人から非難されたことがある。食材や調理法については、民族の感性や伝統文化に根付いたものだけに、他の民族がそれをとやかく言うのも、大きなお世話といった感じがしないでもない。だが、やはり「怖い」とか「残酷」と感じてしまうのは、仕方がないだろう。

高級料理にはかなり残酷な調理法も存在する

たとえば有名なところでは、生きたままの猿の脳みそを食する料理。かなりの高級料理だという。穴が開いたテーブルの下

中国にしか生息しないキンシコウの脳みそが最高とされているが……

に猿を固定し、猿の頭蓋骨を割って脳みそを露出させ、沸騰した油をかけてそのまま食べるというもの。

鮮度を好む者なら生でそのまま食べることもあるといわれている。最も美味しいとされる猿が、孫悟空のモデルにもなったキンシコウ。希少な保護動物でもあるのだが、密猟が絶えないという噂もある。

また、こんな料理もある。焼けた鉄板の上に調味料を塗り、その上に生きた鴨を乗せる。鴨は熱さに泣きわめきながら鉄板の上を飛び跳ねる。足によく火が通った時点でも、鴨はまだ生きているのだが、生きたまま足を切り取り、そのまま盛りつけて客に出されるのだ。

究極の激辛料理を食べて大量吐血して病院へ直行

また、時として中国には食べる人にも危害が及ぶ危険な料理もある。たとえば、中国の北方や内陸部で人気の火鍋と呼ばれる超激辛料理がある。この料理は辛ければ辛いほど美味とされ、また、激辛の度合いが凄まじいほどに評判となり客が増える。このため、店の側でもつい度を越して、客の健康を損なうほどの激辛の火鍋を提供してしまうことがある。

二〇一二年に湖北省武漢市で友人らと火鍋を食べた男性が、吐血して病院に担ぎ込まれる事故があった。激辛の鍋の食べ過ぎで胃や食道を損傷したようだ。吐血量は延べ一五〇〇ccにもなり、一時は命にもかかわる状況だったという。

この男性が担ぎ込まれた武漢市の病院は、火鍋が原因で消化器に異常をきたして入院した人が、入院患者の15パーセントにもなるというから驚く。もう鍋を食べるにも命がけといったところか。

残飯や下水溝から食用油を抽出する

最近は食の世界にも拝金主義がはびこり、安くはあるが人体に危険な食材を用いることも多々ある。それが原因で健康を損なう人も多いという。メラミンに汚染された乳幼児が死亡したり、中国製ペットフードを食べた愛犬が死亡した事件は記憶に新しい。中国国内にも、禁止された保存料を使ったり、重金属に汚染された食材が不法に販売された事例が後を絶たない。

また、外食産業では「どぶ油」と呼ばれる残飯や下水溝の廃油から抽出した安価な油が調理に使われることもある。さらに、普通の豚肉や牛肉に、害虫駆除などに使われる薬品を混入すると、食感や味が高級肉のようになるということで、この危険な薬物を混入した肉も出まわっている。そういった危険な食材を使った料理を食べて、健康を損ねたり運が悪ければ死ぬ者もいるという。食堂の厨房でどんな食材が使われているか、それは食の素人には解らない。そこは、料理人の良心を信じるしかないのだが……。

6

命より優先される『病的な拝金主義』

毒物と添加物にまみれた人命無視の「偽装食品」

ブランド品や電化製品などのニセ物づくりが、現代の中国で横行している。同じように〝偽装食品〟も多く出まわっているという。しかも、なかには命にかかわるような危険な食品も多いのだというが……。

中国人自身も自国の食物を疑っている

地元誌の調査によれば、中国人の80パーセントが自国の食品に不安を感じているという。中国旅行に行った時に、ガイドの中国人にレストランに案内されて、

「ここの料理は大丈夫です。私がちゃんと厨房をチェックしました」

「ここの店は、私がよく知ってます。安全な食材を使ってます」

などと言われた人も多いのではないか。よく知らない飲食店はどんな食材を使っているかわからないので、入るにも勇気がいる。同じように考えている中国人も多いようだ。

それほど、この国では食の安全が危機的状況にあるのかもしれない。

日本でも二〇〇八年に、中国から輸入した冷凍餃子に毒物が

混入されており、それを食べた人が中毒になった事件がある。これは工場の賃金に不満をもった従業員が、腹いせに毒物を混入したということで一件落着となったのだが……被害に遭った日本人としては、

「工場の安全管理は大丈夫か」

と、不安を覚えた人は多いはず。日本の大手企業の食品工場だと、そう簡単には毒物は混入できない。食を扱う場所では、それほど安全管理は徹底されるべきなのだ。

いかに本物っぽくなるか　それが安全より優先される

このほかにも中国では、食に関する常識を疑いたくなるよ

うな事件が近年に頻発している。拝金主義が凄まじく、儲かりさえすればたとえ他人が中毒になって死のうがおかまいなし。フカヒレなどの高級食材には、様々な偽物が出回り、その製造技術もかなり高度になっている。

　このような偽物は、どうやったら味や形状をより本物に似せることができるか？　それのみに開発の主眼が置かれる。少々、体に悪影響がある薬剤であろうが、それを使えば本物っぽくなると分かれば躊躇なく使用される。また、普通に出回っている食材に関しても、農作物には基準値を遥かに超えた農薬が使用されていたり、食肉には発ガン性が危険視されて使用を禁じられている添加物や保存料が入っていたりする。福島原発の事故により、日本からの輸入食品が危険だとして中国の消費者からも敬遠されたことがある。しかし、中国では80年代まで大気圏で頻繁に核実験が行われ、その死の灰は日本へも飛来してきている。核物質は何十年も土壌に堆積する。中国の農地が核物質で汚染されている可能性も捨てきれない。

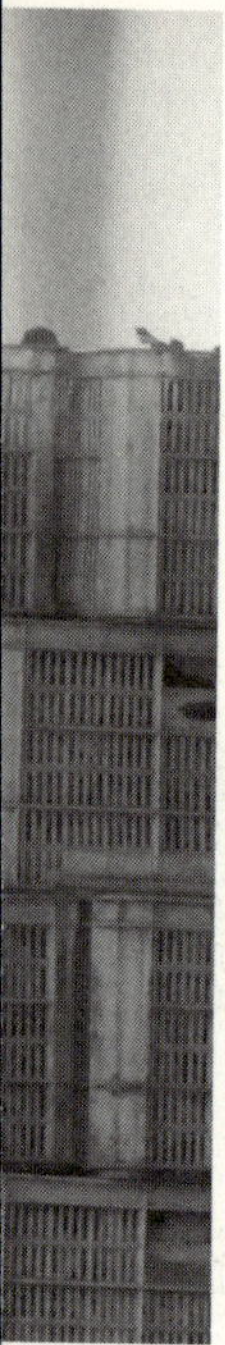

毎日の食事が恐怖 もう何を信じていいのか

中国における危険な食材で、中国人が最も神経質になっているのが豚肉である。

　中華料理の食材としては最もポピュラーなものだけに、たしかに深刻な問題だ。

　発ガン性のある添加物だけではなく、肉そのものに問題がある場合も多い。豚を大量に飼育していれば、なかには病気などで死ぬ豚も出てくる。普通ならそんな肉は使わない。病気の中には人間にも伝染するウイルス性のものがあるだろうし、危険このうえない。二〇一〇年に青耳病といわれる豚の感染症が流行して、各地で大量のブタが死んだ。普通なら豚肉が品薄で高値になるところ、逆に豚肉の安売りが目立つようになる。病死したブタが大量に売りさばかれ

殺虫剤ジクロルボスが検出された冷凍インゲンの製造元で作業する人々

たのだ。

このほかにも、二〇〇八年には猛毒のメラミンが入った粉ミルクにより、30万人の乳幼児に健康被害が発生して、多くの死者が出た事件もあった。また、北米では中国から輸入したペットフードを食べた犬が次々に死んでいった事件もあったが、これもメラミンが混入していたものによる。メラミンを混入すればタンパク質含有量を贋造できき、安上がりに食品を生産できる。だが、劇薬である。体には確実に悪影響があり、死に至る可能性も高い。いくらコスト削減になるとはいえ、普通の神経の持ち主なら、まずやらないはずなのだが……。

7 男子は3万元、女子は2万元……
一人っ子政策の陰で「誘拐ビジネス」が横行

経済自由化により、中国では様々な産業が発展した。しかし、人の道を外れても金さえ儲かればいい……と、手段を選ばぬ輩も現れる。現在、中国で増えている子供の誘拐も、そうした拝金主義の悪影響だろう。

年間に何万人もの子供たちが誘拐される

中国公安当局が発表したところによれば、二〇一二年に新疆ウイグル自治区で三三六の未成年誘拐グループを摘発、二二七四名もの誘拐被害者が救出された。雲南省や四川省などでも、最近は誘拐グループの大規模な摘発がニュースになっている。中国当局も頻発する誘拐事件に業を煮やして、捜査に本腰を入れ始めたのだろう。

その甲斐あって二〇〇九年四月から、救出された子供たちの総数は二万人を超えている。しかし、それでもまだ氷山の一角。一説には、年間に七万人の子供が誘拐されているという推測もある。誘拐は、中国ではかなりの規模の「産業」になっているともいわれる。誘拐犯のほうも、ひとつの「企業」のようなものだ。子供を調達する実行犯だけで数十人にもなる。また、移送や売買を担当する者など、グループはそれぞれに役割が分担されている。

誘拐された子供たちは悲惨な末路を迎える

中国でこれほどまでに誘拐産業が発展した理由は、一人っ子政策が影響しているという。子宝を求める親に高値で売りつける。中国人は跡継ぎとなる男子を望むこと多く、そのため価格も男女で大きく違ってくる。ちなみに、雲南省で摘発された誘拐グループでは、女子なら2万元*、男子の場合は3万元ほどの利益があったという。多くの場合は、病院の新生児室から盗みだすのであるが、なかには子連れの親を襲って奪い去り、抵抗すれば親を殺害することもあるという。

しかし、養子にされる子供はまだ幸せだ。工場に売られて強制労働させられたり、売春、窃盗や物乞いをさせるなど、誘拐された子供たちは様々な目的に利用される。なかには、人々の憐れみを誘うために、刃物や薬物などを使って障害者にさせられることもある。また、臓器売買の目的で子供を誘拐することもあるという。臓器を摘出された子供は、当然、命を落とす。

行方不明の子供たちの顔写真でつくられたトランプ。救出するために様々な努力が行われている

＊２万元は約25万円。

8

一般市民に牙を剥いた人民解放軍

中国最大の汚点となった天安門事件の闇部分

中国の民主化の動きを大きく後退させた天安門事件。人民解放軍が突入した後、広場では何が起こったか？ 報道管制によってその実情は明かされていないが、少ない資料からも残酷な光景がリアルに想像できる。

民主化を求める市民を権力者は敵視した

80年代中頃から言論の統制も緩和されたことにより、中国では民主化を求める声が強くなった。しかし、権力に執着する多くの共産党幹部は、これに危機を感じて統制を強める動きもあった。

一九八九年には改革派のシンボルであった胡耀邦《こようほう》が死去すると、その寛大な人柄と改革的な政治姿勢を支持する若者たちが、その追悼と民主化を叫び中国各地でデモを行った。また、北京の天安門広場にも10万人の学生や一般市民が集まり、民主化を求める集会が催された。

しかし、保守派はこの動きを危惧し、人民解放軍を動員。戦車と銃により、力づくで民主化運動を抑えこもうとした。

天安門広場が軍隊に包囲されても、集まった民衆たちは、人民解放軍が武器を持たない自国民を攻撃するはずがない……そう信じて疑わなかったという。だが、その信頼は無残に裏切られる結果となってしまった。

天安門広場で戦車が発砲。驚いて逃げ惑う学生や群衆たち

武器を持たぬ民衆は一方的に殺戮された

広場に突入した人民解放軍は、民衆に対して実弾を発射した。逃げ惑う人々は、老若男女の区別なく撃たれて死んだ。一方的な殺戮である。中国政府の発表によれば死者は三一九名ということだが、その数には懐疑的な見解が多い。世界の報道機関や人権団体では「数千人規模」としているところが多く、なかには一万人以上という推測もある。

中国政府は厳しい報道管制を敷いて、当日の詳しい状況は闇に包まれている。しかし、北京にいた外国人などにより、戦車に轢き潰されてミンチ状に潰れた死体、銃弾に頭を粉砕された死体など、正視できない写真も多く公開された。また、素手で反抗に転じた市民たちにより、殺害された兵士や警官も数十人いたという。

集会が鎮圧された後も、広場から逃走して潜伏する民主運動家は徹底的に追求される。この時の逮捕者のなかには、事件から20年が過ぎても獄中に入れられている者が一〇〇人以上もいる。この国では異を唱える者は、絶対に許されないのか……。

9

数千万人が犬死にした黒すぎる歴史

負の連鎖を生んだ失政 文化大革命という地獄

大躍進政策と文化大革命は、中華人民共和国成立後に起きた二つの大きな失政として、歴史に語り継がれている。この人災によって、日中戦争の犠牲者を上回る数の死者が出て、中国全土が荒廃したといわれる。

無謀な経済発展政策が戦争以上の悲劇を生む

失政で数千万人の餓死者が発生する……大昔の話ではない。第二次大戦後の中国の話。日中戦争や国共内戦が終わり中華人民共和国が成立して、中国の民衆もやっと平和で安らかな日々が過ごせると思った矢先の出来事である。

一九五八年から始まった第二次五カ年計画で、共産党指導部は15年でイギリスを追い越す経済大国になることをめざした。当時のイギリスは世界第二位の経済力を誇り、長年の植民地支配と戦乱で疲弊した中国とは雲泥の差がある。普通に考えれば無理な話だが、国家主席・毛沢《もうたく》東《とう》は可能と信じて計画を主導した。しかし、日中戦争を戦ったこの英雄も経済や工業については素人である。無茶や無謀は多々あった。

毛沢東によって主導された文化大革命。だが、その裏では多くの人々が苦しみ、非業の死を遂げたことも事実である

鉄を増産するために国土は荒廃した

たとえば、鉄を増産するために国内に大量の炉を建造したが、原料となる鉄鉱石が不足していた。

しかし、共産党の命令は絶対であり、各村々では割り当てられた量の鉄を生産しなければならない。そのため農機具や家庭の鍋釜まで溶かして鉄を造った。鉄を増やすために鉄を溶かす……なにやら滑稽な感じもする。また、炉の燃料を確保するために大量の木材を伐採し、そのため自然破壊や洪水などの災害が頻発した。

国土を荒廃させた結果、一〇〇〇万トン以上の鉄を生産したが、なにしろ大量増産された炉を使って造った鉄だけに、ほとんどが使い物にならないものだったという。

農民たちが鉄の生産に駆り出されたために農地も荒れ果て、さらに、治水工事の失敗なども重なって食料生産は落ち込んだ。人々は明日食べる米もなくなり、一五〇〇～三〇〇〇万の民衆が餓死したという。

また、香港大学のフランク・ディケーター教授の著書によれば、その数は四五〇〇万人ともいう。日中戦争における中国側犠牲者は、一九四八年に国民党政府報告書で確認されたところでは四三八万人。10年にもおよぶ戦争での死者数を軽く超えていたことになる。

共産主義の理想を掲げ若者たちも暴徒と化す

さすがの毛沢東も、大躍進政策の失政により一時は失脚。これに代わって、現実的思考のできる劉《りゅう》少《しょう》奇《き》、鄧小平《とうしょうへい》らが政権を担当し、経済の立て直しを計るために改革路線に転じた。しかし、その政策に毛沢東は最

「反革命分子」に自己批判を迫る紅衛兵たち。暴力的な行為で訴えることも多かった

も嫌悪する資本主義的な傾向を見てとり、改革派を憎悪したといわれる。そして、毛沢東は共産主義の理想実現と自ら復権をめざして、彼を信奉する若者たちを利用する。

全国各地で毛沢東を崇める若者たちが組織化され、紅衛兵《こうえいへい》と呼ばれた。紅衛兵は劉少奇らを糾弾。若者たちは資本主義的、ブルジョワ的と見てとったすべての人物を暴力的な手段で吊し上げにする。やがてこの動きはプロレタリア文化大革命と呼ばれ、中国全土を巻き込む一大ムーブメントに。一九六六年には一〇〇万人の若者たちが北京に集まり、運動はさらに激化した。これによって劉少奇や鄧小平など、政権を担当していた改革派は失脚したり党を除名された。

理想国家の建設と当時の日本では喧伝された

毛沢東の計画はみごとに成功した……が、紅衛兵の暴走は止まらない。

文化大革命の運動はさらに激化する。資本主義の走狗《そうく》と目される人物が殺害され、また、多くの者たちが都市から農村に追いやられ、ここで迫害され暴力や衰弱で死んでいった者も多いという。

また、宗教が否定されて教会や仏教寺院、文化的施設などが徹底的に破壊された。

中国から入ってくる情報が不足していたということもあり、当時の日本では、進歩的な文化人や若者たちにより文化大革命が賞賛されたりもした。だが、その実情は殺戮と破壊が支配する恐怖と混乱の世界だった。10年におよぶ文化大革命により、一〇〇〇万人もの人々が死亡したとされている。また、経済的損失は八兆円にもなるという概算もある。

もしも、大躍進政策と文化大革命という大失政がなければ、中国は何十年も前から世界有数の経済大国に発展していたのかもしれない。少なくとも、数千万人もの無益な死は避けられたはずである。

10

市民の結束を怖れる権力者の陰謀か？

宗教団体に対するおぞましき弾圧の実態

かのマルクスは「宗教は麻薬」と言った。共産主義と宗教は相容れないものか？　共産党が政権を担う中国だけに、宗教に対するアレルギーは強いようで……法輪功に対する激しい迫害が、現在も続けられているという。

法輪功は本当に危険なカルトなのか？

最盛期には、中国国内に七〇〇〇万人の信者がいたという法輪功《ファルンゴン》。古代からの道教や仏教の思想を取り入れ、薬物に頼らず気功により健康な体を維持する……と、その教えには危険なところは見あたらない。しかし、中華人民共和国駐日本大使館のホームページによれば、法輪功はオウム真理教と同じ危険なカルト集団で、マインド・コントロールにより信者は善悪の判断能力を失い、危険な行動を起こすという。また、中国政府の統計では、精神に障害をきたしたりして命を断った信者数は一六〇〇人以上になるという。

実際、中国では一九九九年頃から法輪功信者への弾圧が本格的に開始され、現在では中国内のインターネットで「法輪功」の文字を検索できないよう制限がかけられている。また、中国内では現在も法輪功信者の摘発は続けられている。その実態については我々外国人には窺い知れない。だが、中国から脱出した法輪功信者、海外に設置された支部や人権団体などから信者に対する凄まじい拷問の実態が情報として発信されている。

三〇〇〇人以上の信者が凄惨な拷問で殺された

法輪功への迫害事実を伝える「明慧ネット」によると、逮捕状もなく不当に拘束された り、精神病院へ強制収容するなど、あらゆる手段を使って当局は信者を監禁。そこでは、管を口や鼻に差し込んで大量の塩水を注入し、食道を爛れさせたり、敏感な部分を電気ショックでいたぶるなど、様々な拷問も行われているという。

刑務所に収監されてからも信者の受難は終わらない。そこでも拷問と虐待が待っているのだ。禁錮八年間を科された女性信者は、ある日、女子刑務所から男性の刑務所に移送され、ここで全裸にされて死刑囚の牢獄に押し込まれて強姦されたという。他にも収監された信者が刑務所内で看守や他の囚人から激しいリンチを受けたという証言は多い。信者側サイトに書かれていた情報によれば、二〇〇八年までに迫害によって死亡した信者の数は三一六三人にものぼるという。

抗議活動をして警察官に取り押さえられる法輪功の信者たち

【主要参考文献】

『「酷刑」 王永寛（訳・尾鷲卓彦）
徳間文庫

「中国かなりこわい闇の歴史」
歴史の謎を探る会　KAWADE夢文庫

「愛と欲望の中国四〇〇〇年」
金文学　祥伝社黄金文庫

「中国拷問・処刑残酷史」
柳内伸作　にちぶん文庫

「怖くて読めない水滸伝」
実吉達郎　講談社α文庫

「中国が隠し続けるチベットの真実」
ペマ・ギャルポ　扶桑社新書

「残虐の民族史」
柳内伸作　光文社

「三国志　戦略クロニクル」
立間祥介　世界文化社

「歴史群像シリーズ 17　三国志」上巻
学研

「歴史群像シリーズ 18　三国志」下巻
学研

「支那人間に於ける食人肉の風習」
桑原隲蔵　青空文庫（kindle本）

「支那の宦官」
桑原隲蔵　青空文庫（kindle本）

【写真・資料協力】

C.P.C. フォト

共同通信社

Fotolia

国立国会図書館

山中真雄

柴田克昌

青山 誠

棚秋展高

【Illustration】

廣野 勝

中国残酷物語

2013年3月24日　第1刷発行

執筆：青山誠

カバーデザイン：大駒勇人

本文デザイン：有山剛

イラスト：廣野 勝

編集・構成：中西亮太（マーヴェリック）

発行人　◎赤坂了生

発行所　◎株式会社双葉社
〒162-8540　東京都新宿区東五軒町3-28
☎03-5261-4818（営業）
03-5261-4869（編集）
http://www.futabasha.co.jp/
（双葉社の書籍・コミック・ムックが買えます）

印刷所　◎三晃印刷株式会社

製本所　◎株式会社宮本製本所

ISBN 978-4-575-30514-2　C0076